회계드레싱
10 episodes

KAIKEI DRESSING by Tadashi Murai
Copyright ⓒ 2011 by Tadashi Murai
Cover Illustration ⓒ 2011 by Shigeki Ban
All rights reserved.
Original Japanese edition published by TOYO KEIZAI INC.
Korean translation rights arranged with TOYO KEIZAI INC.
through TN1 International.

이 책의 한국어 판 저작권은 TN1 에이전시를 통한
일본의 TOYO KEIZAI INC와의 독점 계약으로
도서출판 이너북이 소유합니다.
저작권법에 의하여 한국 내에서 보호를 받는 저작물이므로
무단 전재와 무단 복제를 금합니다.

회계드레싱

10 episodes

· 무라이 다다시 지음 | 이용택 옮김 | 신재명 감수 ·

| 추천사 |

　미국의 엔론사태 이후 전 세계적으로 회계 투명성의 중요성이 강조되고 있다. 우리나라도 회계 투명성을 높이기 위하여 대기업에 대하여 내부회계제도를 이미 도입한 바 있다.
　극동의 두 나라 대한민국과 일본은 경쟁자이자 동반자인 관계이다. 이로 인해 양국은 서로 보고 배우며 반성하고 예측하며 살아가고 있다.
　현재 대한민국과 일본은 모두 경기침체로 어려움을 겪고 있으며 자본시장과 관련하여 비슷한 제도들을 비슷한 시기에 도입하고 있는 실정이다. 비록 법체계 및 일부 용어는 다르다 할지라도 전반적인 자본시장 및 회계 환경이 유사하다는 것이다. 따라서 일본의 회계부정 사례를 보면 우리나라에도 유사한 부정이 발생할 가능성을 배제할 수 없을 것이다.

　회계부정은 발생하지 않으면 좋겠으나 성실한 사람이라도 권한이 과도하게 주어지면 순간적 욕망을 이기지 못하고 부정을 저지르는 사례도 발생한다. 발생한 많은 부정들은 시스템 통제 및 인적 통제로 예방할 수 있는 것이다. 이러한 시점에 이웃나라 일본의 숙련된 회계사인 저자는 실지 회계부정 사례를 인용하여 이 책을 집필한 것은 시기적으로 적절한 것이었다.

이 책의 저자는 공인회계사로서의 다년간의 경험을 토대로 일본에서 실제로 발생한 회계부정 사건들에 대하여 발생 원인과 어떻게 부정을 저질렀으며, 어떤 조치들을 했는지를 사실적으로 기술했다. 또한 회계부정의 증후를 재무제표 및 회계자료를 검토함으로써 감지해 내는 방법 및 회계부정을 방지하려면 어떠한 통제 절차를 채택해야 하는지도 서술하고 있다.

이 책은 부정을 미연에 방지하고 회계부정이 있는지 증후를 감지하고자 하는 기업의 경영자들뿐 아니라 회사의 내부감사 종사자 및 중간관리자들이 보면 회계부정에 대하여 많은 통찰력을 제공할 수 있으며, 또한 회계부정이 발생했을 경우 취해야 할 조치들을 실제 사례를 통해 소개하고 있다. 일반 독자들도 회사의 부정이 어떻게 발생하는지, 회사의 시스템을 어떻게 구축해야 부정을 방지할 수 있는지를 스스로 생각해 낼 수 있는 흥미 있는 책이라 생각된다.

공인회계사 신재명

| 머리말 |

부정하게 번 돈은 쉽게 사라진다

    이 책은 혼다, 빅터, 메르시앙, 로슨 등(자회사 포함)에서 실제로 일어난 총액 3000억 엔의 여러 가지 '분식+횡령(=회계부정)'을 다룬다.
    회계부정은 회사뿐 아니라 다양한 조직에서 발생할 가능성이 있다.
    일단 회계부정이 발생하면, 열심히 모은 이익이 물거품처럼 사라지는 데 그치지 않는다. 우수한 인재도 잃어버리고, 조직이나 팀 자체가 붕괴해 버리기까지 한다.
    더 나아가 법적 처벌을 받게 될 수도 있다. 극단적인 사례일지도 모르지만, 중국에서는 횡령을 저지른 고위 관료에게 사형 판결이 내려지기도 했다. 회계부정이 단순한 처벌로 끝나지만도 않는다. 회계부정 사건 전후에 발생하는 분쟁, 사건 발각 후에 관계자를 대상으로 한 사정 청취, 그리고 책임 추궁을 비롯한 여러 가지 페널티로 인해 회사와 소속 팀들의 사기가 떨어지고 구성원들도 불행에 빠진다.

이런 불행이 발생하지 않도록 '최소 불행 회사'를 목표로 한 '회계부정 박멸 운동(=내부통제)'을 구축하는 일은 사회적 책임이 큰 조직일수록 중시되어야 한다. 경영자를 비롯한 관리층과 내부통제 담당자는 물론 조직이나 팀에 소속된 모든 사람들이 '내부통제(=관리·통제 시스템)'와 이로 인해 기대할 수 있는 효과에 관해 이해하고 내부통제를 구축하는 일은 소속 팀을 '활력 있는 생명체'로 만드는 데 꼭 필요하다고 할 수 있다.

그렇다고 해도 처음부터 끝까지 죄다 관리·통제해서는 숨이 턱턱 막힐 테고, 막대한 비용도 들 것이다.

그래서 회계부정이 일어나기 힘든 조직이나 팀을 만들기 위해 무엇을 어떻게 하면 최소한의 노력으로 최대한의 효과를 얻을 수 있을지 다 함께 생각할 필요가 있다고 느꼈다.

'세상에는 숱한 회계부정이 존재한다.'

이 책은 회계부정의 실제 사례를 토대로 현실에서 나타나는 내부통제의 문제와 그 해결책에 냉정하게 접근하는 것을 가장 큰 목표로 삼는다. 독자 여러분에게 회계부정의 경위와 그 심대한 영향에 관해 2부로 나누어 소개하겠다.

1부에서는 '끝없는 욕망, 돈은 부정하게 모인다'라는 제목하에 최근 문제가 되는 순환거래(round-tripping) 등 실제로 일어난 회계부정 사례와 유의 사항을 소개한다. 독자 여러분은 실제 회계부정 사례와 접합으로써 더욱 사실감을 갖고 회계부정을 파악할 수 있을 것이다.

2부에서는 '왜 일어나는가? 어떻게 하면 막을 수 있는가? 회계 드레싱의 경향과 대책'이라는 제목하에 세 가지 표제를 통해 회계부정이 발생하는 구조와 그 퇴치법을 설명한다. 회계부정의 현장을 자주 접해 본 공인회계사와 변호사 등 회계, 법률, IT 전문가의 의견을 부연함으로써 무엇을 어떻게 해야 조직과 팀에서 회계부정을 일으키기 어려워지고 일상 업무에 정진할 수 있는지, 내부통제의 개념을 중심으로 설명한다.

이처럼 여러 가지 '회계부정(=회계 드레싱)' 사례를 다룬 이유는 독자 여러분이 회계부정의 실태를 보다 가깝게 느낌으로써 '그렇군. 내부통제란 게 이런 거구나!' 하고 스스로 깨닫도록 하기 위해서다.

이 책을 참고로 해서 회계부정이 일어나기 힘든 **투명한 조직과 팀**을 만드는 데 힘써 주기 바란다.

덧붙여, 이 책에서 자주 등장하는 용어 '드레싱(dressing)'은 원래 음식 위에 끼얹어 맛을 내는 소스를 말한다. 그런데 드레싱을 회계 용어로 사용하면 회계장부를 조작하는 행위, 즉 '분식(粉飾)'을 의미

한다. 이 책에서는 분식을 포함한 다양한 회계부정을 아울러서 '회계드레싱'이라고 부르겠다.

그러면 수많은 드레싱 중에서 당신은 어느 것부터 맛보시겠는지?

'부정하게 번 돈은 쉽게 사라진다.'라는 속담이 있다.

부디 독이 든 떡의 달콤한 가루(粉)에 목이 메지 마시길, 제발 이 책을 악용하지 마시길 진심으로 충고드린다.

contents

추천사 ★ 4
머리말-부정하게 번 돈은 쉽게 사라진다 ★ 6

1부 끝없는 욕망, 돈은 부정하게 모인다

Episode 1

퇴직 직전까지 멈출 수 없었던 횡령 '노리타케', 중소기업의 희망이었던 '하야시바라' ★ 18

경마를 좋아하는 경리 직원 / 경리 외길 25년, 베테랑 경리 직원의 범죄 수법 / 전통 있는 회사일수록 각별한 주의가 필요하다 / 기업합병으로 발각 / 중소기업의 부정 실태 / 걸출한 중소기업 하야시바라가 부정의 대명사로 전락하다 / 특이한 비즈니스 모델 / 원칙을 모르면 그 원칙은 거대한 적이 된다

[회사를 강하게 만드는 처방전. '전통 있는 기업'] ★ 29

Episode 2

요술 티켓으로 일확천금을 노렸던 한 전무의 엄청난 착각 '로슨엔터미디어' ★ 30

달콤한 유혹 / 경영상의 커다란 실수 / 달콤한 가루에 목이 메다 / 악행을 거듭다 / '업계 특유의 관습'은 부정의 온상 / 마른하늘에 날벼락 / 디지털 포렌식의 승리 / '그 사람이 말했으니까.'라는 핑계가 가장 위험하다 / 경영에 필요한 것은 날카로운 지적과 권력 분산

[회사를 강하게 만드는 처방전. '특수 업계'] ★ 47

contents

Episode 3
가스처럼 사라진 가공 거래 '히로시마가스' ★ 48

세무조사의 날카로운 지적 / 창립 100주년에 발각된 대담한 수법 / 알아차려 버렸다…… / 악의 유혹 / 상류거래와 순환거래의 차이 / 폭주를 허용하는 자기 완결적 거래 / 경영관리자의 리스크 의식 결여 / 순환거래를 발견할 기회 / 재발 방지를 위한 대처

[회사를 강하게 만드는 처방전. '순환거래 박멸'] ★ 62

Episode 4
새로운 규칙으로 부정을 들춰낸 '아시아항측' ★ 63

안타까운 사례 / J-SOX의 그늘 / 컷오프 / 교육 부족이 근본 원인 / 추가 공정의 관리는 어렵다 / 실적주의는 양날의 검 / 보고, 연락, 상담이 회계부정의 방지책

[회사를 강하게 만드는 처방전. '도급 공정'] ★ 75

Episode 5
총무국장의 언동이 100주년의 커다란 오점 '긴테쓰' ★ 76

부정의 프롤로그 / 특권 ID의 악용 / 역린을 건드린 어설픈 행위 / 짐승이 판치는 소굴 / 어디를 중점적으로 볼까? 그룹 회사의 선정 기준 / 뒤틀린 애사심 / 가공 매출의 실체와 분식의 수법 / IT 통제를 근본부터 무너뜨리다 / 원칙의 곡해 / 장미 가시에 찔린 것보다 더 아픈 실수

[회사를 강하게 만드는 처방전. '직장 내 공포정치 박멸'] ★ 92

contents

Episode 6

아이치 엑스포와 함께 사라진 재공자산과 부정 금융 '후타바산업' ★ 93

재공자산을 조사하라! / 일이 심상치 않다 / 1000억 엔이 바람과 함께 사라지다 / 생각지도 못한 사태의 조짐 / 원가란? / 납득시킬 수 없다면…… / 경영관리자의 업무 / '아', '음'만 남발해서는 아무것도 알 수 없다 / 스마트한 규칙 만들기 / 회계부정 박멸의 특효약 / 아이치 엑스포 붐이 걷히자 생각지도 못한 부정 융자가 나타나다 / 이건 순환거래잖아! / 회계 해독력이 전혀 안 보이는 사업 계획

[회사를 강하게 만드는 처방전. '커뮤니케이션'] ★ 113

Episode 7

비핵심 사업부의 존폐를 건 회계부정 '메르시앙' ★ 114

분열이 부정 발각의 계기가 되다 / 비핵심 사업의 위치/업계 특유의 시스템이 회계부정으로 들어가는 입구 / '선행 매출', '가공 매출', '선매', '역마진 보전' / 양식업 진입의 속사정 / 생물 관리의 어려움 / 변칙적인 회수 기한 / 업자를 둘러싼 엄청난 순환거래 / 도깨비 재고로 한 몫 잡다 / 재고를 위장한 뒤처리 / 불시 감사 / 동료 의식이 부정을 조장한다 / 밀월의 종언과 공모자에 대한 협력 요청 / 순환거래 발생 방지책 / 잔꾀를 방지하는 실마리 / 잔꾀에 대항하는 올바른 실지재고조사

[회사를 강하게 만드는 처방전. '내부통제 강화'] ★ 142

contents

Episode 8

사이좋은 동창생의 위장 상장 '시니어커뮤니케이션' ★ 143

동창과의 결탁 / 오해 / IPO와 MBO / 겉치레뿐인 성장/문어발 작전 / 상장 규칙과 퇴장 규칙 / 퇴직자의 효과적인 활용 / 소프트웨어도 사용한 듯/은폐 실패/죽음을 각오한 작전 / 한숨도 나오지 않는다 / 마지막 수단은 도마뱀 꼬리 자르기 / 커다란 의문/위장 기업공개의 종착점

[회사를 강하게 만드는 처방전. '기업공개'] ★ 165

Episode 9

해외 자회사의 불상사가 발각되어 궁지에 몰린 'JVC켄우드' ★ 166

발각의 계기는 유럽 구조조정 회의 / 경영 통합을 할 때의 은폐 공작 / 사내조사의 한계 / 일괄? 소급? 부각되는 국제회계기준 / 해외 조사 방법에 관한 고민 / 해외 부정 조사를 할 때의 세 가지 유의점 / 모호한 역할 구분/다들 하고 계십니까? 분개 테스트 / 로마에 가면 로마법을 따르라 / 부정 발각은 성과다

[회사를 강하게 만드는 처방전. '해외 조사'] ★ 181

Episode 10

혼다 소이치로의 DNA를 좀먹은 벤처 사업 '혼다기연공업' ★ 182

영감님도 화났다! / 창립 30주년이 회계부정으로 얼룩지다 / 뒤돌아보는 추녀 / 뒤돌아보는 추녀가 완전히 뒤돌아선다면 / 높은 목표 실적은 팀을 피폐하게 만든다 / 일을 맡기는 경영진 / 순환거래를 파악하는 비결 / 영감님께 맹세하다

[회사를 강하게 만드는 처방전. '도전 정신'] ★ 196

c o n t e n t s

2부 왜 일어나는가? 어떻게 하면 막을 수 있는가? 회계 드레싱의 경향과 대책

Method 1

회계 드레싱이 만들어지는 방식, 부정 발생의 메커니즘 ★ 198

회계 드레싱이 만들어지는 방식 / 찬코 드레싱 / 분식이라는 회계 드레싱이 만들어지는 방식 / 횡령이라는 회계 드레싱이 만들어지는 방식 / 상장회사에서 부정이 발생했을 때의 핑계 / 내부통제의 두 가지 기능과 감사의 두 가지 본질

Method 2

최소 불행 회사를 실현하기 위한 회계부정 방지 수단 ★ 217

먹지 마! 아홉 가지 회계 드레싱 / 이 책에는 다양한 회계 드레싱이 차려져 있다 / 회계 드레싱을 부추기지 않기 위해 이해해야 할 사항 / 회계 드레싱 맛보기 / 문호 괴테가 절찬한 복식부기 / 후쿠자와 유키치도 당황한, 관청과 정치자금에 관한 뒷이야기 / 횡령과 회계 드레싱의 여덟 가지 수법 / 회계 드레싱을 만들어 낼 수 없도록 한다 / 회계 드레싱을 만들어 낼 수 없도록 하는 일곱 가지 도구 / 회계 드레싱을 만들어 낼 수 없도록 하는 두 가지 의식 개혁

contents

Method 3

'떫은맛의 회계 드레싱' 불행하게도 회계부정이 일어났다면 ★ 239

회계 드레싱이 발각되는 여섯 가지 패턴 / 회계 드레싱 파악법 / 회계부정의 세 가지 경향과 사내조사의 다섯 가지 어려움 / 전문가에게 거는 다섯 가지 기대 / 일곱 가지 회계부정 조사 절차와 흐름 / 회계 드레싱에 대응하는 네 가지 접근법 / 가장 중요하면서도 어려운 질문 기술 / 효과적인 질문 기법 / 정보 수집을 위한 질문, 12가지 포인트 / 중간보고는 신중히 / 뒷정리는 이렇게 한다 / 회계 드레싱에 따른 사내 처분 / 회계 드레싱의 죄와 벌 / 회계 드레싱의 민사책임 / 회계 드레싱의 떫은맛

맺음말 - 소통이 잘 되는 곳으로 ★ 274

1부

끝없는 **욕망**, **돈**은 **부정**하게 모인다

Episode

퇴직 직전까지 멈출 수 없었던 횡령 '노리타케' 중소기업의 희망이었던 '하야시바라'

경마를 좋아하는 경리 직원

"달려! 옳지! 더! 더……. 아아, 오늘도 거덜 났군."

경마를 좋아하는 사람의 이야기를 들어 보면, 경마 레이스는 무척이나 흥분되는 모양이다.

전통 있는 식기 제조사인 주식회사 노리타케(도쿄증권거래소·나고야증권거래소 1부. 이하, 노리타케)에서 경마를 좋아하는 직원이 3억 7300만 엔을 횡령한 사건에 관해 설명하겠다. 이에 참고로 삼은 자료는 노리타케에서 공표한 『당사 전 직원의 부정행위에 대한 재발 방지책 및 경영관리 책임에 관해』라는 사내조사 보고서다.

직원 W(60세)는 2009년 9월 말까지 노리타케 테이블웨어(식기를 일본 내에 판매하던 노리타케의 자회사. 이하, NTL사)의 경리부에서 근무하다가, 2009년 10월 1일 NTL사의 흡수합병에 의해 노리타케로 소속이 바뀌었다. 그 직후인 2009년 10월 14일, W의 상사는 생각지도 못한 W의 고백을 듣게 된다.

"죄송합니다. 저는 지금까지 회사 몰래 여러 번 현금을 빼돌렸습니다……."

"뭐! W씨, 이제 얼마 안 있으면 정년인데 왜 그런 짓을? 대체 어떻게?"

"정말 죄송합니다. 경마를 도저히 끊을 수 없어서……. 수취어음을 현금화할 때 현금의 일부를 빼돌렸습니다. 들키지 않으려고 장부 데이터도 조작했고요……."

정년을 코앞에 둔 직원 W에게서 나온 뜻밖의 고백을 계기로 노리타케는 사내조사에 착수했다.

경리 외길 25년, 베테랑 경리 직원의 범죄 수법

지체 없이 사내조사를 시작한 노리타케는 직원 W가 벌인 회계부정 사건을 밝혀냈다.

"음……, 이 직원 W는……. 어? 25년 동안이나 쭉 경리부에서만 일했어?"

W는 1984년 10월부터 2009년 9월까지 총 25년간 줄곧 NTL사 및 그 전신인 회사에서 경리 업무를 담당했다.

이번 사건의 배경에는 직무 고정화라는 문제가 있었다. NTL사 같은 자회사에서는 인원 부족 때문에 인사이동을 실시하기 힘든 측면이 있었다. 그렇더라도 NTL사의 경영자는 인사이동의 필요성을 충분히 인식하고 내부통제 방안을 세워야 했다. 한정된 인원 때문에 도저히 인사이동을 할 수 없는 상황이었다면 감사 기능을 강화하는 등 통제 환경을 정비해서 사건을 미연에 방지해야 했다.

노리타케는 사내조사를 통해 2009년 9월 말 시점의 수취어음 장부 잔액과 보유 어음의 현물을 대조한 결과, W의 자백대로 약 3억 7300만 엔의 수취어음이 부족하다는 사실을 확인할 수 있었다.

이 사건은 장부와 어음 현물을 매달 대조하기만 했어도 충분히 방지할 수 있었다. 어떻게 직원 W에게 모든 권한을 맡길 수 있었을까? 직원에게 일을 맡길 때에는 관리자가 그 일의 진척 상황을 수시로 체크해야 한다는 점을 잊어서는 안 된다.

일본 식기 시장의 오랜 침체로 인해 NTL사는 사업을 축소하고 관리 부문을 슬림화하고 있었다. 당시 날인권자는 부문장이었지만, 실무상 편의를 위해 회사 직인을 보관한 금고의 열쇠는 직원 W가 맡아두고 있었다. 수취어음을 현금화하는 업무도 실질적으로는 직원 W가 혼자서 처리했다. 직원 W는 수취어음을 현금화하고서 회사 직인으로 그 현금을 빼돌릴 수 있는 상태였다.

그런 의미에서 이 사건은 전형적인 수법의 횡령 사건이며, 관리 책임자의 임무 태만이라는 초보적인 실수를 원인으로 볼 수 있다.

전통 있는 회사일수록 각별한 주의가 필요하다

노리타케처럼 전통 있는 회사는 오랜 세월 동안 이어져 온 관습이 리스크로 작용할 수 있다. '지금까지 괜찮았으니까 앞으로도 괜찮을 거야.' 하는 마음으로는 리스크를 올바로 파악할 수 없고 내부통제를 약화시킨다. 이것이 현실적인 문제로 나타날 수 있다. 특히 고참 직원이나 부장·과장급이 경리를 장기간 전담하는 경우, 이런 경향은 더욱 강해진다.

"저, 경리부장님. 이 부분이 내부통제상 조금 문제가 될 수 있겠는데요……."

"아, 이거 말야? 이 부분은 내가 잘 살피고 있으니까 괜찮아."

"아, 그런가요……?"

시험에 갓 합격한 회계사(수습생 포함)가 자신의 아버지, 할아버지만큼이나 나이 차이가 많이 나는 상사에게 내부통제나 회계감사 얘기를 꺼낸다고 해도 귀 기울여 주는 사람은 별로 없다. 사건이 터진 다음에야 회사에서 사안의 중대성을 인식하는 사례도 자주 발생한다.

한편, 노리타케가 공표한 사내조사 보고서에서는 재발 방지책으로서 '① 내부통제를 토대로 한 관리 체제 강화 ② 내부감사 강화 ③ 인사 정책 개선'이라는 '부정 방지 3종 세트'를 제시했다.

'① 내부통제를 토대로 한 관리 체제 강화' 대책으로서는 '경리와 관련된 부문의 책임자는 재무제표의 모든 항목에 책임을 진다는 생각으로 철저하게 확인하고 결재한다.', '회사 직인과 금고를 관리·

취급하는 일에 관해서도 관리 기준을 세운다.'라는 기술을 볼 수 있다. 나는 이 내용을 읽고 '그럼 지금까지는 안 그랬다는 거야?'라는 순수한 의문이 들 수밖에 없었다.

또한, '② 내부감사 강화' 대책으로서는 '어음과 외상매출금 등 재무 항목에 대한 표본 감사를 실시함으로써 내부감사의 질을 높인다.'라고 기술되어 있는데, '그럼 지금까지 잔액을 맞춰 보지 않았나?'라는 게 내 솔직한 심정이다. 경영관리자는 대부분 BS(balance sheet, 대차대조표*)보다 PL(profit and loss, 손익계산서)을 중시하는데, 어쩌면 그 영향인지도 모른다.

나의 은사이자 이상점(異常点) 감사 기법의 스승인 노노카와 유키오(野野川幸雄) 선생님의 말씀을 빌리면, "대차대조표 잔액을 맞춰 보는 형태로 감사를 실시하면 작은 미스를 범할 수는 있어도, 중대하고 결정적인 감사 미스를 범할 가능성은 없다. 결정적인 감사 미스를 범하지 않으려면 감사의 중심을 대차대조표 잔액 검증에 두어야 한다. 감사 기법으로서는 그것이 가장 효율적이고 신뢰할 만하기 때문이다."(노노카와 유키오 저, 『계정 항목별 이상점 감사의 실무』)라고 한다.

이처럼 부정 방지라는 관점에서는 대차대조표를 중시하는 것이 매우 효과적이다.

'③ 인사 정책 개선' 대책으로서는 '노리타케 그룹 각 사의 경리

---

* 현재 대한민국에서는 재무상태표(statement of financial position)로 개정됨

부문에서 한 직원이 장기간 같은 직무를 담당하지 않도록 동일 직무에 여러 명의 인원을 배치하고, 2년마다 담당 직무를 변경해서 부정 발생 리스크를 감소하는 데 노력한다.'라고 기술되어 있다.

여기에서 한 가지 마음에 걸리는 표현을 발견했다. '노리타케 그룹 각 사의 경리 부문에서……'. 경리 부문만이 문제일까? 부정은 어느 부서에서나 일어날 수 있다. 인사이동은 전 회사 차원에서 시행해야 한다.

기업합병으로 발각

직원 W는 회사가 합병되자 '이대로 있으면 어차피 들킨다……' 하고 생각했음이 틀림없다.

직원 W가 자백하자마자 노리타케는 W를 징계해고하고 형사고발했다. 나고야지방법원의 첫 공판에서 검찰은 'W가 착복한 돈을 경마 빚 변제에 사용했다'고 지적하며, 1985년부터 24년간 착복한 돈이 약 3억 7300만 엔에 달한다고 주장했다.

24년은 사반세기에 해당하는 긴 세월이다. 이처럼 오랫동안 횡령했다는 데 솔직히 감탄스러웠다.

이 사건으로 노리타케는 해당 부정행위의 피해 총액인 3억 7300만 엔을 2009년 4월~2010년 3월기 제2사분기 결산에 특별손실로 계상했다. 또한, NTI사의 전 담당 임원을 감봉 조치하면서 노리타케 직원으로 강등시켰고, 그 외의 임원은 감봉 5~15%, 1~3개월 처분을 했다.

역사의 한 페이지를 더럽히게 된 노리타케의 직원들이 회계부정 사건을 극복하고, 새하얀 백자 식기에 무늬를 새기듯 새로운 역사를 만들어 가기를 바란다.

중소기업의 부정 실태

노리타케의 사례를 포함한 이 책의 회계부정 사례는 상장기업(자회사 포함)에서 공표된 자료를 토대로 했다. 그러나 회계부정은 상장기업에서만 일어나는 것이 아니다.

오히려 회계부정이 빈번히 일어나는 곳은 비상장기업이나 중소기업 쪽이다. 중소기업은 인원이 부족해서 특정 직원에게 권한이 집중되기 쉽고 예산도 부족하기 때문에 내부통제 시스템이 취약해질 수밖에 없는데, 이는 일반적으로 회계부정 발생을 조장한다.

하지만 중소기업은 대부분 비상장이므로 회계부정을 비롯한 불상사가 표면화되는 경우는 거의 없고, 거액 횡령 사건 등 극히 소수의 형사사건이 신문 보도로 공표될 뿐이다.

또한, 비상장기업은 보통 오너경영이어서 방만한 경영이나 오너 가족의 사비 유용 등이 발생해도 '회사=오너 가족'이라는 인식 때문에 회계부정이 대부분 명확히 드러나지 않는다.

그러나 불경기로 자금 운용이 어려워져 은행과 교섭하거나 상속 대책 등으로 경영지배권을 넘길 때면 오너경영 회사에서도 회계부정이 불거지는 경우가 있다.

걸출한 중소기업 하야시바라가 부정의 대명사로 전락하다

이런 중소기업 부정의 대명사가 된 곳이 하야시바라다(2011년 2월 2일, 회사갱생법 적용 신청을 해서 사실상 부도남). 1883년 조청 제조업으로 출발한 하야시바라는 '타사에서는 하지 않는, 타사에서는 할 수 없는 독자적인 주제를 연구하는 연구 개발형 기업'을 모토로 다각화 경영을 펼쳐 여러 가지 분야로 영역을 넓혔다.

잘 알려진 것으로는 세계시장 점유율 1위의 감미료 '트레할로스'를 비롯한 식품 소재부터 항암제 '인터페론' 등 의약품 소재까지 실로 폭넓은 영역에서 활동한 회사다. 한편, 미술관 운영이나 공룡 화석 조사 등 사회공헌 활동도 왕성하게 실시하면서 오카야마 현에서는 일대 주목을 받았던 비상장 오너경영 기업이었다.

그런 하야시바라를 둘러싸고 '1984년부터 27년간 가공 매출 288억 엔'이라는 언론 보도가 터져 나왔다. 중소기업의 희망에서 한순간에 중소기업 부정의 대명사로 전락한 것이다.

특이한 비즈니스 모델

언론 보도에 따르면 부채 증대와 매출 저하가 하야시바라 부진의 근원이라고 한다.

하야시바라의 비즈니스 모델은 현재의 단기적 수익에 얽매이지 않고 장기적 관점에서 바라보는 경영 방침이 원동력이었다.

'① 이익의 70%를 호텔이나 주차장 등 본업과 관계없는 부동산에 투자해서 수익을 올린다. ② 나머지 30%를 연구 개발에 투자하고 10년 단위의 장기 전략으로 연구 개발해서 인터페론이나 트레할로스 같은 독창적인 상품을 만들어 낸다.'

하야시바라는 이처럼 이색적인 비즈니스 모델을 전개했다. 부동산 소득으로 안정적인 수익을 얻고 그 수익을 장기적인 관점에서 활용한다는 것은 눈이 확 트일 만한 혁신적인 발상이었다.

하지만 선대 경영자가 급사하면서 바통을 이어받은 새로운 사장의 나이는 당시 19세에 불과했다.

'비즈니스 커뮤니케이션의 원칙=회계'를 비롯한 비즈니스의 기본을 숙지하지 못한 상황에서, 젊은 사장이 여러 가지 감언이설에 몸을 맡기고 가공 매출 등으로 약 30년간 회계부정에 인생을 푹 담갔다면 실로 커다란 문제다.

결과적으로 하야시바라는 과거의 연구 개발 투자와, 이를 지원하기 위해 시행한 대규모 부동산 개발 투자로 인한 과대 채무에 쪼들리게 되었다. 매출이 좀처럼 증가하지 않는 오늘날의 불경기 상황에서는 거래 금융기관의 융자 자세가 신중해지고 자금 회수에 나서는 경우도 있다.

원칙을 모르면 그 원칙은 거대한 적이 된다

내가 언론 보도를 통해 하야시바라 사건을 접했을 때에는 '설마!' 했지만, 서서히 그 진상은 드러났다. 게다가 하야시바라의 주거래 은행인 주고쿠은행에서 내뱉은 한마디에는 정말이지 경악할 수밖에 없었다.

"부끄러운 일이지만, 회계감사인이 의무 등기 사항이라는 사실을 몰랐습니다……."

본 사건이 발각됨과 동시에, 주고쿠은행 상무는 결산 발표 기자회견 자리에 나와 2010년 4월~2011년 3월기 제3사분기에서 처음으로 18억 엔의 사분기 적자가 났음을 공표하면서 위와 같이 해명했다.

회사법에는 회계감사인을 의무적으로 선임하도록 규정되어 있다. 자본금 5억 엔 이상 또는 부채총액 200억 엔 이상인 기업은 비상장이라도 공인회계사나 공인회계사의 집합체인 감사 법인 등 회계감사인을 설치해야 한다. 보도에 따르면, 주거래 은행인 주고쿠은행에서만 하야시바라에 400억 엔의 융자를 주었는데(다른 은행을 포함한 융자 총액은 약 1300억 엔), 그 시점에서 부채총액은 회사법이 규정한 회계감사인의 설치 기준인 200억 엔의 두 배나 되었다. 따라서 하야시바라에 회계감사인 설치 의무가 있다는 사실을 주고쿠은행은 당연히 알아차려야 했다.

은행은 돈을 빌려주는 전문가다.

돈을 빌려줄 때에는 당연히 대출받는 쪽의 신용(=융자를 줘도 안전한지)을 결산서 등으로 확인하는 것이 통례다. 법인 등기부를 확인하는 일도 신용조사의 한 방법이다. 나도 금융기관에 자주 드나들어서 알고 있는 사항인데, 그것조차 하지 않고 융자해 줬다니…….

이번 사건이 발각되면서 당시 주고쿠은행장은 퇴임할 수밖에 없었다.

'원칙은 안다고 해서 자기편이 되어 주지는 않지만, 모르면 거대한 적이 된다.'

다른 그 무엇보다 기본이 중요하다는 뜻이다.

비상장회사의 회계부정이 드러나는 일도 매우 드문 데다 그 진상이 공표되는 일도 적은데, 언론에서 이 사건을 크게 다루었던 이유는 그만큼 하야시바라가 세간의 주목을 받고 있던 회사라는 증거다.

'타사에서는 하지 않는, 타사에서는 할 수 없는 독자적인 주제를 연구하는 연구 개발형 기업'이라는 모토대로 하야시바라의 기술력은 분명히 일본의 자랑거리다. 회계부정이 어떤 것인지 철저히 연구한 뒤에, 초심으로 돌아가 새로운 마음으로 다음 목표를 위해 뛰어달라고 하야시바라에 부탁하고 싶다.

그리고 하야시바라를 자금 면에서 지원한 주고쿠은행에도 바라는 바가 있다. '리스크를 적극적으로 떠안고 고객의 요구에 부응해서 지역사회 발전에 공헌한다.'라는 주고쿠은행의 경영 방침대로 지역을 대표하는 걸출한 중소기업 하야시바라를 앞으로도 계속 지원해 달라고 부탁하고자 한다.

[회사를 강하게 만드는 처방전. '전통 있는 기업']

① 전통 있는 회사일수록 각별한 주의가 필요하다. 인사이동이 장기간 이루어지지 않으면 회계부정 발생 위험이 높아진다.
② 회계부정 방지라는 관점에서는 대차대조표를 중시해야 한다.
③ 회계부정이 발생하는 빈도를 보면, 중소기업 쪽이 훨씬 많다. 대기업에 비해 중소기업은 인원과 예산이 부족한 데다 회계부정을 방지하는 내부통제 시스템도 취약하지만, 최소한의 회계 드레싱 방지책을 마련해야 한다.
④ 분수에 맞게 융자받는 것이 비즈니스의 기본이다. 오늘날에는 금융기관이 적극적으로 자금 회수에 나서는 경우도 있다.
⑤ 원칙을 모르면 그 원칙은 거대한 적이 된다. 모든 일에서 기본에 충실해져라.

Episode

요술 티켓으로 일확천금을 노렸던 한 전무의 엄청난 착각 '로슨엔터미디어'

달콤한 유혹

중년의 유능한 여성 전무가 345억 엔이나 되는 부정 송금으로 회사에 145억 엔의 손실을 입힌 회계부정 사건에 관해 『로슨엔터미디어의 전 임원에 의한 부정행위에 관한 제삼자위원회 최종 보고』 등을 참고해서 설명하겠다.

사건의 무대가 된 로슨엔터미디어(전 자스닥. 사건 이후인 2010년에 상장폐지. 이하, LEM사)는 로슨 매장의 온라인 단말기 Loppi로 콘서트 티켓 등을 판매하며, 니나미 다케시(新浪剛史) 로슨 CEO가 회장으로 있는 로슨의 연결자회사다.

Y전무는 로슨에 입사한 후 그 재능을 인정받아 30세라는 젊은 나이에 영업본부 임원이 되었고, 그 후로 순탄하게 영업본부 부본부장,

영업본부장, 상무이사를 거쳐 2008년에는 전무이사 영업본부장으로 승진했다.

이처럼 젊었을 때 승승장구한 영업 담당자일수록 각별한 주의가 필요하다.

이런 유형의 임원은 곧잘 돈에 집착하는 경향을 보인다. Y전무도 그런 유형 가운데 한 명이었다.

이번 회계부정의 주요 무대였던 플레지르사(주로, 캐릭터가 인쇄된 '프레임 우표'를 기획·판매하고, 우체국에서 배포하는 무가지 『엔터메포스트』를 기획·제작하는 회사. 이하, P사)의 전임 사장 T로부터 꿈처럼 달콤한 유혹을 받은 때가 2007년 여름이었다. 몇 년 전부터 업무를 통해 서로 알게 된 Y와 T는 동년배이기도 해서 금방 의기투합했다.

이번의 회계부정 계획은 P사의 당시 사장이었던 T와, 이후에 P사의 사장이 된 I이사가 LEM사의 Y전무에게 제안했다.

"Y전무님. 좋은 계획이 하나 있는데요……. 전무 자리에 계시면 콘서트 기획사에서 티켓 판매 위탁을 받으실 텐데요, 티켓을 판매하시면 콘서트 기획사에 티켓 대금을 바로 지불하시는지요?"

"아니요, 바로 지불하진 않습니다. 콘서트 기획사에 티켓 대금을 지불하는 시기는 보통 두 달 후에서 최대 반년 후입니다. 그런데 그건 왜 물어보시죠, T사장님?"

"Y전무님, 사실 그게 말이죠. 전무님 말씀대로라면 티켓 대금을 지불하기 전에는 그 대금이 LEM사에 그대로 머물러 있게 되는 셈이잖

그림 1. **콘서트 티켓 판매와 대금 지불 계약**

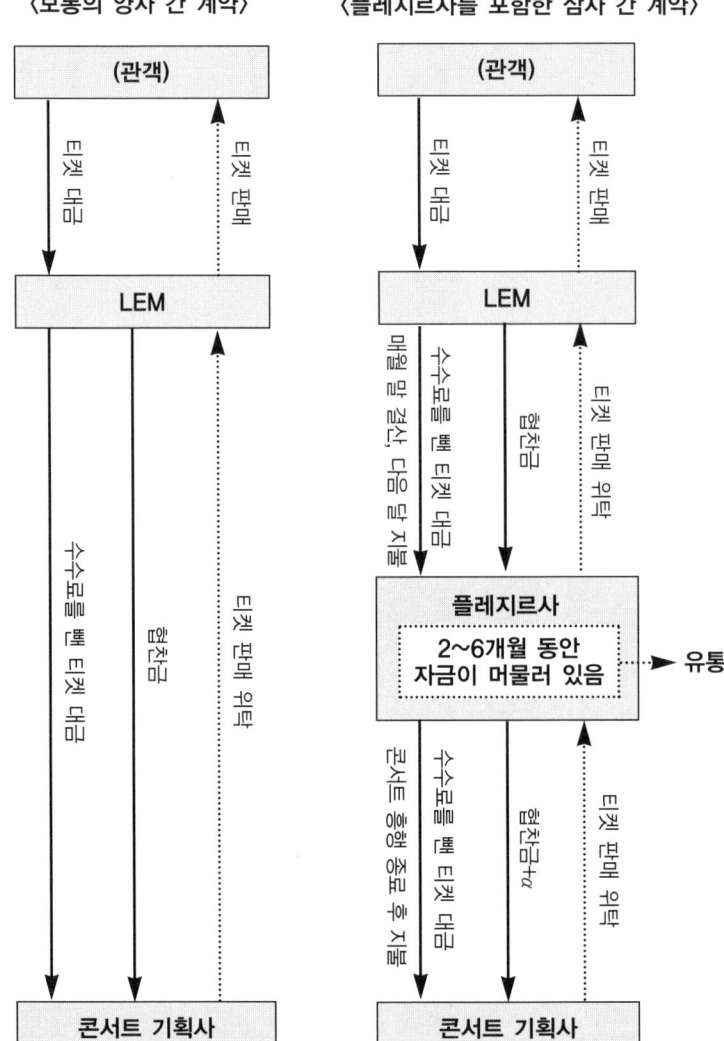

(출처 : 주식회사 로슨, 『주식회사 로슨엔터미디어 임원에 의한 부정행위 발각에 관해』)

습니까? 그 돈을 굴려서 푼돈을 좀 벌어 보시지 않겠습니까? 귀사에서 콘서트 기획사로부터 티켓 판매 위탁을 받을 때 저희 P사를 중간에 끼워 주십시오. 저희 P사는 LEM사로부터 지불받은 티켓 대금을 I이사가 투자해서 월 수익률 6%로 운용하겠습니다. 그 운용 수익으로 콘서트 회사에 대한 협찬금을 조달하고, 나머지 운용 수익은 우리끼리 분배하는 것입니다. 이런 방안, 어떻습니까?"

"월 수익률 6%요! 대단하네요. T사장님도 겉보기와 다르게 영악하시군요. 한번 해 봅시다!"

물론 Y전무도 단순하지 않았다. 거래 금액이 큰 데다가, P사를 중개시키는 것만으로는 LEM사에 메리트가 없다고 평가되리라는 사실을 Y전무는 잘 알고 있었다. 그래서 2007년 9월경, LEM사의 상무이사와 감사가 출석하는 판매 전략 회의에서 '① P사로부터 협찬금을 갹출하면 협찬금 부담을 경감할 수 있다. ② P사를 통해서도 매출을 올릴 수 있고 거래처의 신용도를 높일 수 있다.'는 등의 이점을 설명하고, 인기 콘서트 기획 건에서 P사의 방안을 관철시켰다.

물론 P사에 머물러 있게 되는 티켓 대금을 다른 곳에 투자하겠다는 설명은 하지 않았다.

경영상의 커다란 실수

사실, 이 판매 전략 회의에서 P사의 방안을 저지할 수 있는 기회가 있었다.

"Y전무님, P사 방안의 이점은 잘 알겠습니다. 그런데 우리 회사 대신 P사가 지불하는 협찬금 말인데요, P사에 그만한 자금이 정말 있을까요? 거래 규모가 큰 만큼 P사의 결산서를 확인해 봐야 하지 않을까요?"

이렇게 한마디하고 P사의 결산서를 확인했다면 좋았을 것이다. 안타깝게도 판매 전략 회의는 기민한 Y전무의 독무대였다. 판매 전략 회의에서는 LEM사의 수익성이나 판매촉진 활동에만 신경 썼을 뿐, 비즈니스에서 매우 중요시해야 할 거래처의 재무 상황에까지는 관심을 두지 않았다.

"자, 이로써 다른 임원의 승낙도 받았고, 이제 떡고물이 떨어지기를 기다리기만 하면 되는구나 ♪"

Y전무는 P사의 방안을 통해 2007년 11월에서 2009년 9월경까지 P사로부터 여러 차례에 걸쳐 총 9000만 엔이 넘는 현금을 받아 챙기고 주택 대출금 상환, 리조트 회원권 구입, 교제비 등으로 사용했다고 외부조사위원회는 지적했다.

달콤한 가루에 목이 메다

이런 달콤한 상황은 오래가지 않았다.

2008년 10월 하순, P사의 T사장과 I이사는 LEM사의 Y전무에게 애원했다.

"Y전무님, 큰일 났습니다. 콘서트 기획사 B사에 지불할 이번 달 말

10월 31일 지불 기한 티켓 대금과 협찬금이 총 23억 엔인데, 자금에 여유가 없어서 지불하지 못할 것 같습니다. 두 달 정도 지불을 늦춰 주시지 않겠습니까?"

"이보세요, T사장님. 월 수익률 6%로 운용하신다고 하지 않으셨나요? 당장 B사에 가서 사죄하고 지불 기한을 연장하지 않으면 큰일이네요……."

그들은 달콤한 유혹에 넘어가 독이 든 떡을 먹은 꼴이 되었다. 달콤한 가루(粉)에 목이 메어 버린 그들.

10월 29일, Y전무, T사장, I이사는 함께 B사를 방문했다.

"B사에 긴히 부탁드릴 말씀이 있어서 왔습니다. 매우 죄송합니다만, 이번 달 말 10월 31일 자로 지불해야 할 23억 엔의 티켓 대금 및 협찬금과 관련해 착오가 생겨서 지불할 수 없을 것 같습니다. 그래서 지불을 두 달만 유예해 주십사 하고……."

"그런 건 저 혼자서 결정할 수 없습니다! 임원들과 상의해 보고 연락드리겠습니다."

다음 날 10월 30일, B사 임원이 LEM사의 Y전무에게 전화를 걸었다.

"Y전무님, 전화 왔습니다. B사 임원입니다."

"빨리 연결해! 여보세요. 죄송합니다. 이번에 무리한 부탁을 드려서……."

"Y전무님, 저희도 자금을 융통해야 합니다. 23억 엔이나 되는 큰돈의 지불을 두 달이나 유예해 달라니요. 그렇게 쉽게 말씀하실 사안이 아니지 않습니까?"

"그래서 이렇게 부탁을……. 저희를 살려 주신다 생각하시고 도와주십시오."

"Y전무님, 안 되는 건 안 되는 겁니다. 어쨌든 내일 10월 31일까지 지불해 주십시오. 만일 지불하시지 않으면 앞으로 귀사와는 일절 거래하지 않겠습니다!"

Y전무는 P사의 T사장, I이사와 논의한 끝에 P사가 기한일까지 지불할 수 없다고 결론짓고, 10월 30일 밤 LEM사의 재무 담당 이사 K에게 전화했다.

따르릉…….

"아, 여보세요. K이사님, 밤중에 죄송합니다. 실은 급히 드릴 말씀이 있어서……."

"어라, Y전무님, 무슨 일입니까? 이런 늦은 시간에. 대체 무슨 급한 용건입니까?"

"K이사님, 23억 엔을 내일까지 마련해 주십시오!"

"네에? 그렇게 큰돈을……? 아무리 Y전무님 부탁이라도 쉬운 일이 아닙니다."

"그 점은 잘 알지만, K이사님, 이렇게 부탁드립니다. 실은 내일까지 B사에 지불해야 할 23억 엔을 P사가 지불하지 못하게 되었습니다. 그래서 그런데, 어떻게든 그 돈을 마련해 주시지 않겠습니까?"

K이사는 이전에 다이에 그룹의 사업관리부장이었다. K이사는 Y

전무의 부탁을 듣고, 다이에서 근무하던 시절 다이에가 궁지에 빠졌을 때 영업의 최전선을 정신없이 누비던 자신이 퍼뜩 떠올랐는지도 모른다.

'내일까지 지불하지 못하면 대형 거래처인 B사를 잃게 된다. 만일 P사의 방안이 제대로 작동하지 못한다는 사실이 업계에 드러난다면 다른 콘서트 기획사에서도 티켓 대금을 즉시 결제해 달라고 요구해 올 텐데, 그렇게 되면 LEM사는 몹시 곤란한 지경에 빠지고 만다…….'

이렇게 생각한 K이사는 LEM사가 P사 대신 B사에 직접 대금을 지불하기로 결단 내렸다.

악행을 거듭다

Y전무는 10월 31일, B사 임원과 면담하고 사죄했다.

"이번에는 정말 죄송합니다. 일단 티켓 대금 20억 엔을 P사의 대위변제(빚을 대신 갚음) 형식으로 당사에서 오늘 10월 31일 자로 지불해 드리고, 11월 4일에 잔액을 지불해 드리겠습니다. 이렇게 하면 괜찮으시겠습니까?"

"알겠습니다. 약속은 꼭 지켜 주십시오, Y전무님."

Y전무는 B사와의 협상이 끝나자마자 곧바로 지불을 완료했다.

이 과정에서 LEM사의 재무 담당 K이사가 Y전무를 도와주었다. K이사로서는 자신에게 해만 끼치는 일을 저지른 셈이다.

Y전무는 이미 1억 엔 가까이나 되는 돈을 P사로부터 받아 자기 배를 채우기라도 했지만, K이사는 아무런 이득도 얻지 못했다. 오히려 회사를 지키겠다는 대의를 위해 회계부정이라는 악행을 거들고 만 꼴이었다. 과거에 다이에의 파탄을 겪은 트라우마 때문이었다고는 해도, 앞으로의 책임 문제를 생각해 본다면 안타까운 마음을 금할 수 없다.

재무 담당 K이사는 그로부터 2주일 후인 2008년 11월 18일에 P사의 T사장 및 I이사와 함께 시부야공증소에 가서, LEM사가 대위변제한 23억 엔에 관하여 P사를 주 채무자, T와 I 및 I가 경영하는 C사를 연대보증인으로 삼아, 같은 해 12월 중에 전액 변제한다는 취지의 채무 변제 계약 공정증서를 작성했다. 적어도 이 시점에서는 어떻게든 사무적으로 23억 엔을 회수할 수 있다는 재무 담당 K이사의 순진한 발상이 엿보인다.

P사 대신 23억 엔이나 되는 큰돈을 대위변제한 Y전무는 우선 이 사실을 꼭꼭 숨기는 일이 급선무였다. 그래서 재무 담당 K이사가 취한 수단은 23억 엔의 지불 내역을 미수금의 마이너스로 처리하는 방법이었다. 원래는 P사에 대한 대여금으로 처리해야 하지만, 그렇게 하면 회계감사인이나 모회사 로슨에 당장 발각될 위험이 있었다.

이처럼 K이사가 조치를 취했다고는 해도, 어떻게 23억 엔이나 되는 커다란 부정 지출이 쉽게 발견되지 않았는지 독자 여러분은 의문을 품을지도 모른다.

공인회계사의 감사는 '**리스크 어프로치(risk approach)**'를 토대로 한 '**샘플링**'으로 실시한다.

리스크 어프로치란 결산서의 모든 항목을 상세히 감사하는 것이 아니라, 피감사 회사(여기에서는 LEM사)가 처한 경제 환경이나 회사의 특성 등에 따라 결산서에서 중요한 허위 표시가 있을 가능성이 높은 항목, 즉 의심되는 부분만을 중점적으로 살피는 방법이다.

샘플링이란 일부 항목에 대한 감사 결과를 바탕으로 모집단 전체의 일정한 특성을 평가하려는 감사 기법이다. 감사를 효율적으로 진행하기 위한 수법이라 할 수 있다. 따라서 미심쩍은 부분만을 샘플링해서 감사하므로, 당연히 상세히 보지 못하는 부분이 있을 수 있다.

애당초 감사라는 일은 한정된 시간과 비용으로 결산서의 옳고 그름을 판단해야 하는 업무다. 판단을 위해 거래 데이터를 하나하나 꼼꼼히 살펴보는 일도 중요하지만, 그러기는 현실적으로 힘들다. 그래서 회계감사인은 리스크 어프로치를 토대로 한 샘플링으로 감사를 실시한다.

샘플링을 실시하기 위한 전제로서 피감사 회사에 회계부정을 막기 위한 시스템(=내부통제)이 필요하다. 내부통제가 유효하게 작동한다면, 모집단에서 샘플링함으로써 모집단 전체의 일정한 특성을 평가할 수 있고, 피감사 회사 측에서 작성한 정확한 결산서로 올바른 판단을 내릴 수 있으며, 공인회계사가 감사 보고서의 형태로 감사 의견을 적절히 표명할 수도 있다.

이번 23억 엔의 부정 지출은, 원칙에 따라 P사에 대한 대여금으로 처리했다면 당연히 감사 절차의 대상이 되었을 것이라고 추측할 수 있다. 23억 엔이나 되는 대여금이 있었다면 당연히 그 회수 가능성을 판단하고, 대손충당금의 계상을 요구했을 터였다.

그러나 재무 담당 K이사가 이를 미수금의 마이너스로 처리하는 재치를 발휘했다. 23억 엔은 금액으로는 크지만, 본디 미수금의 거래량은 대여금이라는 비통상적인 항목에 비해 매우 크다. 따라서 LEM사의 미수금이라는 항목 안에서는 23억 엔이 수많은 거래에 파묻히게 되고, 결과적으로 감사 절차의 대상이 되지 않았을 가능성이 있다.

그렇다고는 해도, 23억 엔이나 되는 부정 지출이 현금으로 이루어졌기 때문에 현금 증감을 비교하면 그 단서를 포착할 수 있었을 것이다. 안타깝게도 일반적으로 현금 계정은 초보 회계사가 담당하는 항목으로, 초보 회계사가 그런 데까지 신경 쓰기는 어려운 일이었다.

'업계 특유의 관습'은 부정의 온상

다시 본론으로 되돌아가겠다.

공정증서를 작성하고 개인적으로 연대보증이라는 '독이 든 떡'까지 받아먹은 P사의 T사장은 그 후로 I이사와 결별하고 새로운 회사를 세웠다.

이로써 I이사는 P사의 새로운 사장으로 취임했는데, 상황은 이전보다 더욱 악화될 뿐이었다······.

LEM사의 재무 담당 K이사는 P사에 대한 콘서트 티켓 대금 지불을 유보하는 등 어떻게든 몰래 23억 엔을 회수하려고 시도했지만, 좀처럼 뜻대로 되지 않은 듯했다.

2009년 8월 말경, LEM사의 Y전무는 P사의 새로운 사장 I로부터 또다시 콘서트 기획사인 B사에 티켓 대금을 지불하기 어렵다는 연락을 받았다. P사의 방안을 유지하려고 한 Y전무는 재무 담당 K이사와 논의하고 한 가지 방법을 생각해 냈다. 그것이 바로 '전도금 정산'을 악용하는 일이었다.

전도금 정산이란 콘서트 전에 티켓 대금을 선지급하는 것으로, 엔터테인먼트업계에서 일반적으로 이루어지는 관습이다. 이를 이용해 티켓 영업 담당자로부터 콘서트 등의 흥행 정보를 얻고 선지급 신청이 들어온 것처럼 꾸며서, 2009년 10월~12월에 46억 엔을 P사에 지급했다.

이런 **업계 특유의 관습은 부정의 온상이 되기 쉽다.** 이런 부정 지출도 미수금의 마이너스로 처리함으로써 회계감사인이나 모회사 로슨의 감사 담당자를 속일 수 있었다.

마른하늘에 날벼락

그 후로도 P사의 방안을 유지하기 위해 11억 엔의 부정 지출을 했고, 사태는 악화 일변도를 치달았다.

"이젠 돌이키기가 어려워요……."

"네, 사장님께 말씀드리는 게 좋을지도······."

P사의 자금 융통 상황이 회복되기 어렵다는 사실을 깨달은 LEM사의 Y전무와 재무 담당 K이사는 2010년 1월 24일, 당시 LEM사의 사장 H에게 이번 사건의 개요를 보고하고 회계부정을 실토했다.

마른하늘에 날벼락을 맞은 H사장은 사태의 심각성을 느끼고 그날 바로 사내조사위원회를 발족시켰다.

1월 25일부터 관계자 22명에게서 사정을 청취하고, 관계 서류와 5만 건에 달하는 이메일 및 휴대전화 메시지를 조사한 후, 곧바로 이 사건의 주모자인 Y전무와 재무 담당 K이사를 사임시켰다.

긴급 재발 방지책으로서 임원 개인에게 권한이 집중되는 체제를 배제하고, 고액의 자금이 부정하게 외부로 유출되는 일을 방지하는 검증 체제를 구축했다. 이 사건에 대처하는 속도는 놀라울 정도로 빨랐다.

하지만 아쉽게도, 총액 145억 엔이나 되는 손실 계상, 상장폐지, 임원 감봉과 강등, Y전무의 체포, 관여자에 대한 손해배상 청구는 피할 수 없었다. LEM사가 지금까지 쌓아 온 신용은 물론, 우수한 영업 직원과 경리 직원까지 잃어버리고 말았다.

디지털 포렌식의 승리

부정은 기업만의 문제가 절대 아니다. 얼마 전에는 스모계에서도 도박과 승부 조작이 큰 문제가 되었다.

각 업계에서 부정행위를 조사할 때 위력을 발휘하는 것이 **디지털 포렌식**(digital forensics=전자 증거 분석)이다.

회계부정과 관련된 검색어를 사용해서 수많은 이메일과 전자파일에서 필요한 정보를 추출하고 조사하는 것을 뜻한다(이번 LEM사의 사건에서는 문제가 되는 이메일과 전자파일이 5만 개에 달했다).

이러한 점에 관해 데이브 스펙터(Dave Spector)는 "스모의 승부 조작은 에도 시대부터 이루어졌다고 의심된다. 그런데 현대에 들어와 승부 조작이 휴대전화 문자 메시지로 들통 났다. 비밀을 숨기려 사용한 현대의 테크놀로지가 오히려 비밀을 드러내는 데 일조했다. 아이러니한 일이 아닐 수 없다."라고 지적했다. 승부 조작이 언제부터 이루어졌는지는 모르지만, 어쨌든 오랜 악습이 최첨단 기술에 굴복한 사례라고 할 수 있다.

우리 생활은 어느덧 이메일을 비롯한 IT 기술과 떼려야 뗄 수 없는 상황에 이르렀다. 대량의 이메일과 휴대전화 메시지가 빈번하게 왔다 갔다 하는 IT 사회에서 디지털 포렌식은 디지털 데이터를 단기간에 효율적으로 조사하고 부정의 전모를 해명하는 데 필수적인 IT 기술이다.

그런데 데이브 스펙터가 오해한 점이 한 가지 있다. 데이브 스펙터는 "이메일을 삭제하기만 하면 증거를 쉽게 인멸할 수 있다."라고 말했지만, 그 말은 엄청난 오해다! 현대 테크놀로지를 우습게 보면 안 된다! 삭제한 이메일도 간단히 복원할 수 있기 때문이다. '센카쿠 열도 중국 어선 충돌 영상 유출 사건(센카쿠 열도 중국 어선 충돌 사건이 발생했을 때, 해상보안청 이시가키 해상 보안부가 녹화하고 나하 지방 검찰청이 보관하고 있던 영상이 해상 보안관에 의해 인터넷 동영상 공유 사이트 유튜브에 공개되어 유출된 사건-역주)'이나 '위키리크스(Wikileaks) 사건'에서도 알 수 있듯이 IT 기술은 우리에게 매우 편리한 반면, 권력을 가진 자가 마음만 먹으면 쉽게 데이터를 복원하거나 입수할 수 있다.

입장을 바꿔 생각해 보면, IT는 장점일 수도 있고 단점일 수도 있다. 스모계의 승부 조작 사건에서는 현대 테크놀로지의 판정승이라고 할 수 있다.

'그 사람이 말했으니까.'라는 핑계가 가장 위험하다

외부조사위원회 보고서에서도 지적했듯이, LEM사가 소속된 엔터테인먼트업계의 특수한 상관습이 이번 회계부정을 발생시킨 커다란 요인 중 하나다.

나도 엔터테인먼트업계와 관련된 일을 해 봐서 아는데, 콘서트 한 번으로 억 단위의 돈이 움직이는 엔터테인먼트업계에서는 협찬금의 많고 적음이 티켓 판매권을 따내는 관건이 되기도 하고, 개인적인 연줄에 의해 계약서 없이 구두계약으로 거래를 시작하기도 하는 등 다른 업계에서는 도저히 생각할 수 없는 일들이 당연한 듯이 벌어진다. 업계에 얼굴이 잘 알려진 젊은 Y전무가 약간 이상한 말을 해도, "그 사람이 말한 거니까 괜찮겠지."라는 안이한 생각을 충분히 할 만하다.

앞서 설명한 대로, LEM사의 경영 회의나 판매 전략 회의에서 Y전무가 제안한 P사의 방안을 조금만 더 꼼꼼히 파고들어 논의했더라면 이런 사태에 이르지 않았을 지도 모른다.

이러한 점에 관해 외부조사위원회 보고서에서도 언급했듯이, 경영 회의나 판매 전략 회의에서는 P사 방안의 경제적 합리성과 해당 콘서트의 수익성에 대해서만 질의했을 뿐, **내재된 리스크를 찾아내려는 관점에서 협의하지는 않았다는 것이 문제**였다.

회의에 상정하는 의제의 내용을 검토하는 체크시트를 마련하는 것도 부정을 방지하는 데 효과적이라고 생각한다.

경영에 필요한 것은 날카로운 지적과 권력 분산

이번 사건도 다른 사례와 마찬가지로 경영층의 수치 이해력에 문제가 있었다고 할 수 있다.

이사회에서는 재무의 주요 증감 이유와 자금 운용의 실적을 보고받는데, 145억 엔이나 되는 손실이 났기 때문에 당연히 현금이 큰 폭으로 줄어들었을 것이다.

"현금이 왜 이렇게 많이 줄었습니까? 자세히 설명해 주십시오!"

결산서의 수치를 조금이라도 살필 줄 아는 경영자라면 이런 식으로 날카롭게 질문했을 것이다.

경영에서 **수치 이해력은 필수**다.

그런데 이번 사건의 사례처럼 경영자 또는 그에 준하는 경영층이 주도하는 회계부정은 방지하기가 현실적으로 무척 어렵다. 영업 면에서 실권을 잡고 있던 Y전무와, 재무·경리·경영기획·총무·인사까지 관리 면의 실권을 장악하던 재무 담당 K이사가 뭉쳤으니 마음대로 회사를 주무를 수 있었고, 내부통제는 무력화되었다.

원래 내부통제는 경영자가 기획하는 일이다. 그 경영자가 도덕성을 잃어버린 채 악의적으로 경영에 임하면, 내부통제 조직을 아무리 치밀하게 구축해도 검증 기능은 작동하지 않는다.

회계부정을 발생시키지 않는 가장 효과적인 구조는 '**강력한 권력을 한 사람에게 몰아주지 않기**'라는 한 가지 점으로 집약된다.

로슨의 전 직원이 니나미 다케시 CEO의 지휘 아래 일치단결해서 이 난국을 헤쳐 나갔으면 한다. 새로운 내일은 다 함께 만들어 가는 것이다.

[회사를 강하게 만드는 처방전. '특수 업계']

① 젊었을 때 승승장구한 영업 담당자일수록 각별한 주의가 필요하다. 효과적으로 내부통제를 하려면 권한을 명확히 분장하고, 정기적으로 내부감사를 실시해야 한다.
② 공인회계사의 감사는 효과적인 내부통제가 구축되어 있는 것을 전제로 삼는다. 리스크 어프로치를 토대로 한 샘플링을 활용해, 한정된 시간 및 비용으로 결산서의 옳고 그름을 판단한다.
③ 업계 특유의 관습은 부정의 온상이 되기 쉽다.
④ 회계부정이 발생하면 회사가 지금까지 쌓아 온 신용은 물론, 우수한 인재까지 잃어버리고 만다.
⑤ 이메일이 회계부정 조사의 돌파구가 되기도 한다. 이때 디지털 포렌식에 의한 키워드 검색이 효과적이다.
⑥ 경영에서는 문제점을 날카롭게 지적하기 위한 수치 이해력이 필요하다.
⑦ 회계부정을 발생시키지 않는 가장 효과적인 구조는 '강력한 권력을 한 사람에게 몰아주지 않는 것' 이다.

Episode

가스처럼 사라진 가공 거래 '히로시마가스'

세무조사의 날카로운 지적

촤락, 촤락……. 서류를 넘기며 살펴보던 세무서 직원의 얼굴이 왠지 미심쩍은 표정으로 바뀌었다.

"어? 이거 이상하네……. 담당자 좀 불러 주세요!"

똑똑……. "실례합니다. 무슨 문제라도 있는지요?"

히로시마가스의 담당자가 들어와서 물었다.

"저기, 이 부분 말이죠. 회사의 설명으로는 상류(商流)거래라고 합니다만……."

"네, 맞습니다. 분명히 이것은 상류거래인데요. 왜 그러시죠?"

"글쎄요. 상류거래라면 수주를 하고 매입이 발생해야 합니다. 그런데 이건 선매입입니다. 원래 이런 거래는 매입하는 시점에 판매처가 정해져 있으니까 귀사의 매출 청구가 몇 달이나 밀려서는 안 됩니다. 이건 어쩌면 순환거래(round-tripping)일지도 모릅니다!'

이런 대화가 회사 담당자와 세무서 직원 사이에서 오갔고, 급히 사내조사가 시작되었다.

이런 순환거래로 총 614억 엔이나 되는 부정 매출을 계상한 곳은 히로시마가스(도쿄증권거래소 2부)의 100% 자회사인 히로시마가스개발(이하, HGK사. 2010년 8월에 해산)과 히로시마가스리빙(이하, HGL사)이었다. 1999년부터 10년 이상이나 지속적으로 순환거래를 함으로써 막대한 손해를 회사에 입혔다.

주모자는 일개 영업 담당자였다. 어떻게 이처럼 대담한 회계부정을 일으킬 수 있었을까?

이번 에피소드에서는 히로시마가스가 공표한 『당사 자회사의 부적절한 거래에 관한 조사 결과 등의 보고』를 기초로 순환거래의 위험성과 그 방지책을 설명하겠다.

창립 100주년에 발각된 대담한 수법

히로시마가스는 1909년에 창업해서 히로시마 시, 구레 시, 오노미치 시, 미하라 시 등을 영업 지역으로 운영하는 가스 회사다. 사건이 발각된 해는 기념비적인 창립 100주년이었다. 사건이 터지자 축하 분위기는 순식간에 가라앉았고, 회사 전체에 긴장감이 감돌았다.

세무서 직원과의 대화에서 나온 '상류거래'에 관해 그림 2의 도표로 설명하겠다.

　상류거래란, 기점에 위치한 상품 판매자와 종점에 위치한 상품 구입자 사이에 끼어서 일정 기간 상품을 재고로 보유하고 일종의 여신을 제공하는 대가로서 몇 %의 마진을 얻는 거래다.

　히로시마가스의 자회사인 HGK사에서 근무하던 영업 담당 X(부정 발각 당시 영업과장)는 당초 이번 사건의 거래를 상류거래로 오해했다. HGK사는 가스 공사 및 급배수 공사가 주요 사업이었지만 1998년경부터 업무 확대의 일환으로 건설업을 시작했고, 영업 담당 X는 건설업자인 H사의 영업 담당 Z와 만났다.

　1999년 가을, X가 Z에게 한숨을 지으며 중얼거렸다.

　"Z씨, 매출 목표를 달성하기가 참 힘드네요."

　"X씨, 요즘 매출이 부족하다고 자주 말씀하시는데, 사실 X씨께 도움이 될 만한 이야기가 있습니다……."

　Z는 생각지도 못한 이야기를 X에게 들려주었다.

　"X씨, 상류거래가 뭔지 아십니까?"

　"죄송합니다. 제가 아는 게 별로 없어서……."

　"하하하, 젊은 분이시니 모르는 게 당연하죠. 자, 들어 보세요. 아파트 건축자재를 일괄 발주하면 싸게 매입할 수 있겠죠. 그런데 매입업자가 건설 회사에 자재를 납품하고 지불을 받기까지는 일정 기간이 걸립니다. 그래서 누군가가 그 중간에 끼어서 자재를 거래하게 되는데, 이것이 바로 상류거래입니다."

그림 2. 상류거래의 흐름도

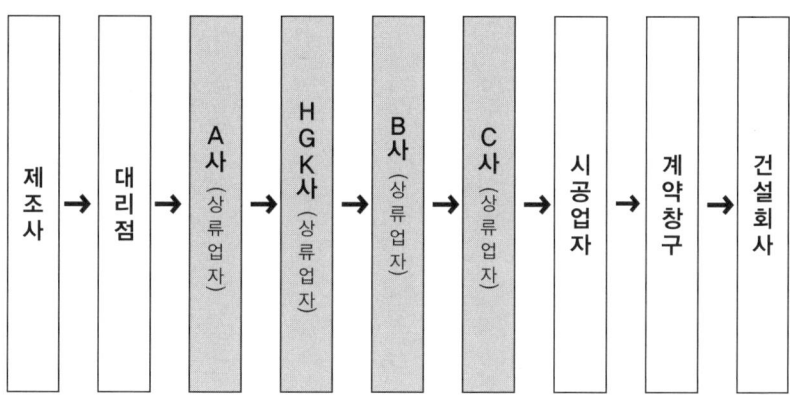

(출처 : 히로시마가스 주식회사, 『당사 자회사의 부적절한 거래에 관한 조사 결과 등의 보고』)

"그렇군요……."

"중간에 끼는 업자는 자재를 매입하고, 매입 대금의 1.5% 정도 이익을 붙여서 정해진 판매처로 당월에 판매합니다(이후에 '당월 매입, 익월 판매'로 조건을 변경했고, 1개월 동안 재고를 보유하는 대신 마진은 3%로 늘렸다)."

"구미가 당기는 이야기네요! 하지만 Z씨, 이 거래에 리스크는 없을까요?"

"역시 신중하시군요! 거래처는 유명한 N사입니다. 그 회사라면 믿을 만하지요. 한번 해 보시겠습니까?"

"N사라면 안심이지요. 리스크도 적고, 매출도 계상할 수 있고, 게

다가 1.5% 정도의 이익까지 얻을 수 있으니, 무슨 불만이 있겠습니까? 회사로 돌아가서 부장님과 상의해 보겠습니다!"

Z로부터 매출 저하의 타개책을 기대치 않게 제안받은 X는 서둘러 당시 이사영업부장 A(이후에 HGK사의 사장이 됨)에게 이런 상류거래에 관해 구두로 설명했다.

"그렇군, 좋아. 건축자재 판매에 중간업자가 끼어들어 장부상 이익을 챙기는 건 흔한 일인 데다, 판매처도 우량 회사인 N사니까. 좋아, 알겠어. X씨가 책임지고 한번 잘해 봐."

"부장님, 감사합니다!"

영업부장 A는 Z가 주장하는 상류거래를 승낙했다.

그러나 이 거래는 사실 순환거래였다.

알아차려 버렸다……

Z로부터 상류거래라며 소개받은 거래는 1999년에 2건, 거래 총액 약 2억 엔이었다.

그 후 2000년에는 거래 건수 12건에 거래 총액 약 8억 엔이었고, 2001년 이후로는 매월 거래했으며, 최종적으로는 총 614억 엔이나 되는 부정 거래가 이루어졌다.

영업 담당 X는 2001년부터 매월 상류거래에 참가하겠다고 상사에게 보고하고 승인을 받았다. 그러나 2002년에 Z가 지시하는 판매처가 자주 변경되고, 판매처가 확정되지 않아서 입금이 늦어지는 사태까지 발생했다.

그리고 2003년 4월 이후에 그런 사태가 더욱 자주 발생하기 시작하자 X는 이 거래에 의심을 품기 시작했다. 하지만 X는 그런 의심을 상사에게 전혀 보고하지 않았다.

그리고 2003년 가을, X는 Z로부터 한 가지 의뢰를 받았다.

"전부터 HGK사, H사와 함께 상류거래에 참가하던 I사가 안타깝게도 이 거래에서 손을 떼기로 했습니다. 지금까지는 각 회사에 보내는 지시 문서를 I사가 작성했는데요, 지금부터는 그 일을 X씨가 도와주시지 않겠습니까?"

영업 담당 X는 이 말을 계기로, 늦어도 2004년 1월에는 이 거래가 순환거래임을 인식한 듯하다.

그러나 이 거래를 통한 HGK사의 2003년도 거래 총액은 무려 48억 엔을 넘었다.

'이제 와서 그만둘 수 없어······.'

그렇게 판단한 X는 회사 내에서 이 거래가 순환거래임을 아무에게도 보고하지 않고, 세무서 직원에게 적발될 때까지 순환거래를 계속했다.

끊임없는 순환거래로 거래 총액이 막대해지자 X는 '언젠가 이 순환거래는 파탄을 맞이할 것이다······.' 라고 예상했다고, 보고서는 밝혔다.

악의 유혹

　HGK사의 영업 담당 X는 순환거래에 관여하는 사람이 자기 혼자라는 데 불안을 느꼈는지, 2003년 6월경, 가스용 기계·기구 판매를 주요 사업으로 하는 자매회사 HGL사의 영업 담당 C에게 이 거래에 참가하라고 권유했다.

　HGL사는 HGK사가 이 거래로 실적을 올리는 모습을 보고 참가하기로 결정했다. 물론 순환거래라는 사실을 모른 채…….

　그 후, HGL사에 새로운 사장 F가 취임하자 "이 거래는 리스크가 크다. 거래 대상인 대형 건설사가 파산하기도 하는 등 업계의 불황이 심각하므로 거래를 당장 끊어라!"라고 지시해서, HGL의 경영진은 이 거래에서 손을 떼기로 결정했다. 2008년 11월 말에 이번 사건의 거래를 끊을 때까지 HGL사는 X의 감언이설에 놀아나 순환거래라는 악행을 거드는 꼴이 되었다.

　조사 보고서에 따르면, HGL사에서는 이번 사건의 거래를 끊을 때까지 순환거래를 의심하는 사람이 아무도 없었다고 한다. HGL사에서는 그 증거로 담당 임원이 거래의 실재성을 확인한다는 사실을 들었다. 판매 자재를 사용하는 아파트가 실제로 공사 중인지 확인하고, 판매처에 여신을 제공하는지도 체크하며, 매월 영업 담당자가 거래 내용을 관리직 회의에 보고한 뒤 승인받는다고도 한다.

　그러나 건축자재의 재고를 조사하거나 보관 증명서 등 객관적인 자료로 거래의 실태를 확인하는 등, 한 걸음 앞선 리스크 관리가 필요했다고 조사 보고서는 지적했다.

상류거래와 순환거래의 차이

그런데 상류거래와 순환거래는 어떻게 다를까?

아파트 건축을 예로 들어 상류거래를 설명하자면, 상류거래는 필요한 자재를 제조사에서 대량으로 싸게 매입해서 건설 회사에 판매할 때까지 중간에 끼어 자재 유통에 관여하고 몇 %의 마진을 얻는, 경제적으로 합리성 있는 거래다.

이에 비해 순환거래는 언젠가 파탄이 날 수밖에 없는, 경제적으로 합리성이 없는 매우 위험한 거래다. 계약 서류가 버젓이 갖춰져 있어서 언뜻 상류거래와 아무런 차이가 없어 보인다.

그러나 순환거래는 실체 없는 가공 거래를 한다는 점에서 상류거래와 큰 차이가 있다.

순환거래는 상류거래와 달리 기점과 종점에 업자가 없다. 순환거래는 최종 업자에서 도로 최초 업자에게 되돌아가 다른 상품으로 바뀌고, 또다시 상류거래인 것처럼 꾸며져서 가공 매입과 가공 판매가 끝없이 이루어진다.

나도 회계 업무를 하면서 몇 번인가 순환거래와 맞닥뜨린 적이 있다. 그중 한 번은 계약서 등의 증빙 서류도 잘 갖춰져 있어서 알아차리기 힘들었지만, 임원과의 대화를 통해 순환거래로 판단했다.

결산 직전에 "이번 분기에는 어떤 결과가 나올 것 같습니까?"라고 임원에게 물었더니, 그 임원은 "매출·이익은 대체로 이 정도가 될 것 같습니다."라고 보고했다. 그러나 감사를 해 보자 실제로는 보고한 매출·이익의 수치보다 훨씬 높았다.

그래서 분기 말에 계상된 매출 거래를 중심으로 분석해 봤더니, 똑같은 금액과 똑같은 날짜로 매입이 이루어졌다는 점을 발견하고 영업 담당자에게 확인했다. 영업 담당자는 낭패스러운 표정을 지었지만, 일단 나는 임원에게 "미심쩍은 거래가 있으니 조사해 보시고 내일까지 답변해 주십시오."라고만 말하고 그날은 물러났다.

다음 날 회사를 찾아갔더니 그 임원은 "선생님, 어제 지적하신 부분은 영업부의 실수였던 것 같습니다. 매출·매입 모두 취소하고 싶은데 괜찮을까요?"라고 말했다.

나는 "역시 순환거래였나요?"라고 확인했다. 임원은 거북한 표정으로 고개를 끄덕였다…….

순환거래는 실체가 없는 매우 부적절한 거래로, 상품이 없어도 거래는 가능한 데다, 관련 업자로 구성된 그룹 내에서 쉽게 매출과 이익을 계상할 수 있다. 순환거래의 참가자로서는 마치 요술 방망이 같은 존재다.

순환거래를 실행할 때 가장 큰 문제점은 거래를 끝없이 순환시켜야 한다는 데 있다. 처음에는 거래액이 적지만, 이익분이 늘어나고 순환이 반복될수록 거래액도 눈덩이처럼 불어난다. 막대한 거래를 멈추는 순간, 거액의 손해가 발생하는 것이 순환거래의 무서운 점이라 하겠다.

순환거래는 마약처럼 무서울 뿐 아니라, 경제적으로도 합리성이 없는 거래다.

그림 3. 순환거래의 흐름도(히로시마가스)

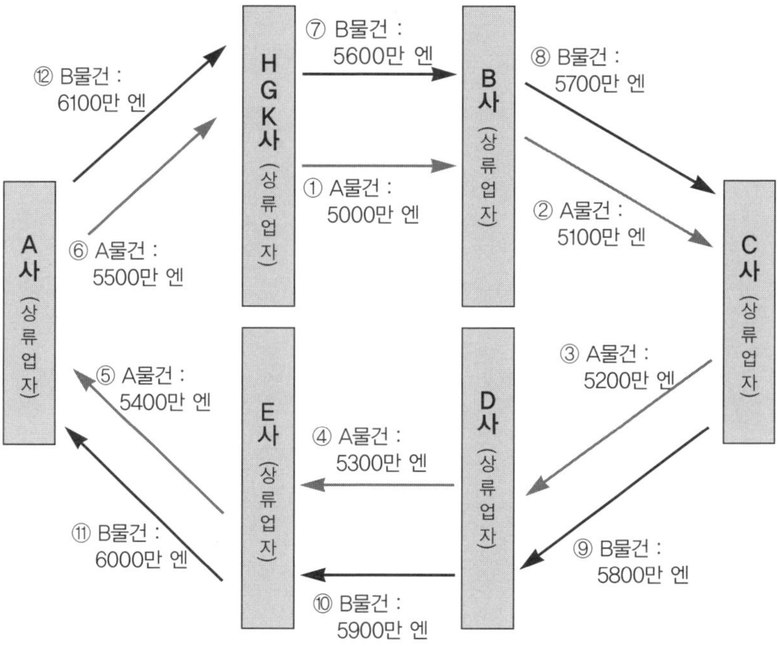

- ⑫ B물건 : 6100만 엔
- ⑦ B물건 : 5600만 엔
- ⑧ B물건 : 5700만 엔
- ① A물건 : 5000만 엔
- ② A물건 : 5100만 엔
- ⑥ A물건 : 5500만 엔
- ③ A물건 : 5200만 엔
- ⑤ A물건 : 5400만 엔
- ④ A물건 : 5300만 엔
- ⑨ B물건 : 5800만 엔
- ⑪ B물건 : 6000만 엔
- ⑩ B물건 : 5900만 엔

A사 (상류업자), HGK사 (상류업자), B사 (상류업자), C사 (상류업자), D사 (상류업자), E사 (상류업자)

(출처 : 히로시마가스 주식회사, 『당사 자회사의 부적절한 거래에 관한 조사 결과 등의 보고』)

폭주를 허용하는 자기 완결적 거래

이번 순환거래의 존재를 세무서에서 지적당하자, 그룹을 총괄하는 히로시마가스는 사내조사를 벌이는 동시에, 변호사 세 명과 공인회계사 두 명으로 구성된 조사위원회를 설치하고 사외 조사를 의뢰했다.

외부조사위원회는 관계자에게서 사정을 청취하고 공사 대장, 계약서, 구입 요구서 등의 관련 장표와 양식을 열람·대조·분석·조사해서, 해당 거래가 10년 이상 지속되었으며 거래액은 HGK사에서 444억 엔, HGL사에서 170억 엔, 총 614억 엔이었다고 공표했다.

어떻게 이런 어마어마한 부정 거래가 장기간 방치될 수 있었을까?

조사 보고서에서는 일단 영업 담당 X에게 **업무와 권한이 집중된 점**을 문제로 들었다.

HGK사에서 이번 사건의 거래는 견적, 수주, 판매 계약, 구입 요구, 구입 지시, 청구 수령, 판매처 변경, 공사 완성 보고, 청구, 지불 통지 수령, 입금 확인, 채권 관리, 관련 품의서 기표, 관리 서류 기표 등을 모두 한 사람이 담당하는 체제였다. 그래서 영업 담당 X는 모순이 없도록 서류를 조작해서, 남에게 들키지 않은 채 거래를 스스로 완결할 수 있는 상황에 있었다.

이 모든 일을 혼자서 할 수 있는 상황은 악행의 밑거름이 된다. 경영관리자는 대체 무엇을 관리하고 있었던 것일까?

경영관리자의 리스크 의식 결여

이번 회계부정이 발생한 원인으로서, 경영관리자에게 리스크에 대한 의식이 결여되었다는 점도 무시할 수 없다.

이번 사건의 거래처럼 상품 현물을 거래할 때마다 실제로 확인하지 않는 거래는 그 실재성에 관한 리스크가 높다고 할 수 있다. 단골 거래처로부터 물품을 주문받은 후, 물품이 당사를 거치지 않고 다른 업자의 창고에서 서류상으로만 단골 거래처에 팔리는 '직송 거래'도 리스크가 높은 거래의 전형이다. 이런 거래를 할 때에는 리스크 평가를 철저히 실시해야 한다.

이번 사건의 거래를 시작할 때 여신 리스크 관리가 충분하지 않았다고 판명되었다. 품의서 같은 서면도 없이 영업부 내에서 구두 보고만 했을 뿐이었고, 조사 회사를 통해 여신 조사를 할 때에도 사내 평가나 여신 한도액 설정을 하지 않았다고 조사 보고서는 지적했다.

순환거래를 발견할 기회

지금까지 지적한 부분 외에도 순환거래를 발견할 기회는 있었다.

모회사인 히로시마가스는 정기적으로 자회사로부터 의견을 청취했다. 2003년 11월에 열린 의견 청취 자리에서 HGL사가 '건축자재 상류거래 참가에 관해'라는 제목의 서면을 제출했다. 비용을 절감할 수 있다는 이유를 내세우며 상류거래에 참가했음을 모회사에 보고한 것이다. 만일 그때 모회사에서 그 상류거래 방안을 올바로 이해하고 거래 리스크가 높다는 사실을 파악할 수 있었다면, 그룹 전체에 비슷한 거래가 또 없는지 조사해서 리스크를 분석하거나 보고를 받을 수도 있었을 것이다.

또한, HGL사는 이 서면에서 HGK사가 이미 상류거래를 실시하고 있다고 보고했지만, HGK사는 모회사에 그런 보고를 전혀 하지 않았다. 만약 경영관리자가 이를 인지하고, 'HGK사에 무슨 일이 있나?' 하는 의심을 품고 대처했더라면, 614억 엔이나 되는 가공 매출 계상의 피해를 막거나 줄일 수 있었을 것이다.

그리고 HGL사는 2008년 12월에 열린 자회사 의견 청취 자리에서 건축자재 상류거래로부터 완전히 철수해서 매출·이익이 감소했다고 보고했다. 이때 모회사에서는 HGL사가 이번 사건의 거래에서 철수하는 것을 보고, 리스크가 높다는 사실을 인식했을 것이다. 적어도 그 시점에서는 HGK사의 매출액이 몇 년 전에 비해 큰 폭으로 증가했다. 예산실적차이분석을 해 봤더라면, 이번 사건의 거래를 취급하는 부서만 예산을 수월하게 사용한다는 이상한 점을 발견했을 것이다. 이를 토대로 경영관리자가 매출 증가 이유를 확인했더라면, HGK사에서 순환거래가 일어나고 있다는 점을 파악했을 것이다.

이상한 점을 발견하고 그 이유를 캐묻는 일이 바로 경영관리자의 역할이다.

재발 방지를 위한 대처

614억 엔이라는 거액의 가공 매출은 100주년을 맞이한 히로시마가스 그룹에 짙은 그림자를 드리웠다. 순환거래의 성격상, 거래를 중지한 순간 거액의 손실을 계상해야 한다. 히로시마가스는 순환거래로 피해를 입은 거래 참가자로부터 약 51억 엔의 손해배상 소송을 당했다. 100주년을 기념해야 할 때에 어처구니없는 선물을 받은 셈이다.

히로시마가스 그룹에서는 앞으로 이런 일이 없도록 네 명의 부원으로 이루어진 내부통제추진부를 경영총괄본부장 직속에 새로이 설치했다. 이는 그룹 각 사에 대한 내부통제 시스템 강화, 임직원의 업무 상황 통일, 견제 기능 강화를 꾀하려는 것이다.

히로시마가스 그룹의 모든 구성원들이 다음 100년을 향해 에너지를 결집하고 이번 회계부정 사건을 긍정적으로 받아들여서, 경영 기반을 더욱 강화해 나가기를 바란다.

[회사를 강하게 만드는 처방전. '순환거래 박멸']

① 세무조사에서 회계부정이 판명되는 경우도 있다.
② 상류거래와 순환거래는 닮은 듯 다르다. 기점과 종점이 있으면 상류거래이고, 기점과 종점이 없으면 순환거래다.
③ 순환거래는 처음에 거래액이 적지만, 순환이 반복될수록 이익분이 늘어나고 거래액도 눈덩이처럼 불어난다. 막대한 거래를 멈추는 순간, 거액의 손해가 발생하는 것이 순환거래의 무서운 점이다.
④ 여신 관리를 확실히 해야 한다. 특히 신규 거래나, 새로운 방법으로 실시하는 거래일 경우에는 충분히 검토해야 한다.
⑤ 강력한 권한을 한 사람에게 집중시키면 매우 위험하다.
⑥ 정기적으로 인사이동을 실시하지 않으면 부정의 온상이 만들어져서 위험하다.
⑦ 상품 현물을 실제로 확인하지 않는 거래는 그 실재성에 관한 리스크가 높다고 할 수 있다. 이런 거래를 할 때에는 리스크 평가를 철저히 실시해야 한다.
⑧ 회계부정의 단서는 결산서에 나타난다. 경영관리자는 경영 회의 등을 기회로 삼아 리스크가 높은 거래를 인지한 후, 거래 사실에 의심을 품고 대처해야 한다.

Episode

새로운 규칙으로 부정을 들춰낸 '아시아항측'

안타까운 사례

꼭 어린아이가 아니더라도 비행기를 타고 날아올라 지상을 내려다 보는 일은 즐겁다.

전쟁이 끝난 후 곧바로 창업한 '아시아항측(도쿄증권거래소 2부)'의 항공사진은 그 꿈을 이루어 주었다.

'하늘에서 세상을 재다.' 라는 모토하에 항공기를 이용해 정보를 수집하고 그 정보를 활용해 공간 정보 컨설팅을 벌이는 아시아항측에서 회계부정 사건이 터졌다. 이에 관해 2010년 1월 4일에 아시아항측에서 공표한 『조사위원회의 조사 결과 및 과년도 결산과 관련된 유가증권 보고서 등의 개정 보고서 제출』을 인용하면서 설명하겠다.

이번 사건의 조사 대상이 된 1232건의 매출 물건은 모두 입금이 완료되어, 가공 매출이나 착복 등의 부정행위는 없었다고 결론 내려졌다.

그러면 대체 무엇이 문제였을까? 매출 선행 계상 등이 과거 5년 동안 114건 있었고, 최대 5억 엔이 넘는 매출·이익이 크게 널뛰기했다는 점이 문제였다.

그 결과 모든 임원의 보수가 3개월간 10% 삭감되었다.

그림 4. **아시아항측의 과년도 유가증권 보고서 정정(개요)**

영향액(단위: 백만 엔)

(항목)	57기 2004년 9월	58기 2005년 9월	59기 2006년 9월	60기 2007년 9월	61기 2008년 9월	합계
매 출 액	▲ 543	89	▲ 223	515	18	▲ 144
매 출 액	▲ 220	20	▲ 88	245	1	▲ 42
경상이익	▲ 222	21	▲ 88	245	1	▲ 42
당기순이익	▲ 134	▲ 62	▲ 172	245	82	▲ 42

J-SOX의 그늘

아시아항측은 결산 기일이 9월이다. 2008년 4월 1일 이후에 시작하는 회계연도부터 도입된 내부통제보고제도, 통칭 'J-SOX'의 첫 적용 시점은 2008년 10월 1일~ 2009년 9월 30일 회계연도가 된다. 이 내부통제보고제도라는 새로운 규칙이 도입되면서 아시아항측에 그늘이 드리워졌다.

원래 내부통제보고제도는 주로 상장회사에서 재무 보고의 신뢰성을 확보하기 위해, 회계부정을 방지하는 내부통제가 회사에 효과적으로 존재하는지 경영자 스스로 평가·보고할 것을 목적으로 금융청이 정한 규칙이다.

이런 규칙을 정한 이유는 따로 없고, 단지 언제나처럼 미국 흉내를 냈을 뿐이다. 당시 미국에서는 거액의 회계부정이 드러난 엔론 사태를 계기로 회계부정에 대해 사회의 매서운 시선이 쏠렸고, 회계부정을 방지하기 위한 내부통제보고제도(SOX법)가 도입되었다. 이를 흉내 낸 것이 일본판 SOX, 약칭 J-SOX다.

내부통제 자체는 각 회사에서 종전부터 이루어졌지만, 굳이 J-SOX를 도입한 이유는 경영자의 의식을 높이고, 기업의 내부통제를 강화하며, 더욱 효과적으로 회계부정을 방지하겠다는 노림수였다.

하지만 앞서 설명한 대로 원래 내부통제 자체는 각 회사에서 어엿이 이루어지고 있었으므로, 내부통제보고제도가 도입되어도 대부분의 회사에서는 특별한 문제 없이 결산을 진행했다.

하지만 아시아항측은 과거로 거슬러 올라가 문제를 정정해야 했다.

아시아항측의 수치관리부에서는 내부통제보고제도가 처음으로 적용된 2008년 10월~2009년 9월기에, 자회사를 포함한 과거 5년간의 전 매출 물건을 대상으로 내부감사를 실시했다고 한다. 그 과정에서 매출 시기의 기간귀속 처리에 오류가 있는 물건을 발견하고, 이에 대해 수치관리부는 상세한 조사를 시작했다. 특히 부적절한 회계 처리가 발생하기 쉬운 결산기 말월(아시아항측은 9월 결산)에 매출 계상한, 금액 1000만 엔 이상의 물건을 추출하고 정밀히 조사했다. 그 결과, 계약 기간 이전에 매출 계상한 부적절한 물건을 발견했다고 한다.

 그래서 조사 범위를 확대했다. 사분기별 기간귀속의 적절성을 확인하고자 결산기 말월 이외에 매출 계상한 물건도 조사했다. 특히 계약 금액 3000만 엔 이상의 물건은 일일이 조사했다. 이로써 조사 대상 물건은 1232건에 달했다.

 이 부분에서 '항공 조사 회사'인 아시아항측의 노련함을 엿볼 수 있다. 지금까지 체계적으로 조사하려 했다는 점에서 추측컨대, 매우 성실한 회사라는 느낌을 받았다.

 적정한 매출 처리 촉진을 위한 시책을 도입한 2005년 10월~2006년 9월기 이후에는 회계연도 기간귀속 처리의 오류 건수가 4분의 1 정도로 줄어들었다고 한다. 그리고 내부통제보고제도를 적용한 첫 회계연도인 2008년 10월~2009년 9월기에는 회계연도 기간귀속 처리의 오류가 있는 물건이 발견되지 않았다고 수치관리부는 밝혔다. 아시아항측은 이처럼 마음만 먹으면 무엇이든 할 수 있는 회사다. 그래서 이번 사건이 발생한 데 더욱 큰 안타까움을 느낀다.

컷오프

회계감사를 할 때 중요한 감사 요점 중 하나가 기간귀속의 타당성을 살펴보는 일이다. 계상해야 할 시기에 맞게 매출을 결산서에 제대로 계상했는지 확인할 필요가 있다.

그래서 우리 공인회계사는 컷오프라는 감사 절차를 밟는다. 컷오프란, 결산기 말일 전후의 거래를 추출한 후 정말 올바른 결산기에 계상되었는지 판단하는 절차다. 그 판단을 위해 계약서, 입출금 기록, 재고 입출고 기록 등 각종 장표류가 서로 모순되지 않는지 확인한다. 기간귀속의 타당성에 커다란 문제가 있는 거래를 발견하면 임원이나 감사에게 보고하고, 그 수가 많으면 전 회사 차원의 검토 과제로서 개선책을 강구하도록 요구하게 된다.

아시아항측의 회계감사와 내부감사에서는 그런 징조가 보이지 않았을까?

교육 부족이 근본 원인

아시아항측은 조사를 위해 추출한 1232건의 매출 물건에 관한 증빙 서류를 수치관리부로 모았다. 계약서의 유무와 계약 내용 확인, 청구서의 유무와 발행 날짜 확인, 수령서·매출확인서의 유무와 수령일의 확인, 입금 유무 확인, 청구 금액과 입금액의 대조, 입금 날짜와 계약 기간의 차이 확인 등을 실시하고, 매출 계상 시기가 부적절한 물건을 특정했다.

그 결과, 기간귀속 처리가 잘못된 물건은 114건이었다. 그중에서 담당자가 퇴직을 해서 사정 청취를 할 수 없는 물건을 제외하고, 금액이 1000만 엔 이상인 62건을 추출했다. 수치관리부는 기간귀속에 오류가 있다고 판단한 물건에 관해, 당시 관여한 판매 담당자, 생산 담당자(주임기술자), 간부 직원 등 총 51명에게 개별 사정 청취를 했다. 담당자로서의 의견을 청취하고, 발생 원인을 파악하고, 재발 방지책을 제언하기 위한 목적이었다.

이로써 이번 회계부정의 원인으로는 '① 매출에 관한 사내 규칙의 이해가 부족함 ② 추가 업무에 따른 변경 계약을 할 때 규칙을 철저히 따르지 않음 ③ 매출 목표 달성을 지나치게 의식함'으로 결론지어졌다.

먼저 '① 매출에 관한 사내 규칙의 이해가 부족함'에 관해 살펴보겠다.

아시아항측의 매출 계상 기준은 '납품 기준'이다. 납품 기준이란, 재고가 상대방에게 납품된 시점에 매출을 계상하는 것을 뜻한다.

아시아항측의 사내 규칙에는, 수령서(고객의 수령 날짜가 기재되고 도장이 찍힌 것) 또는 매출확인서 등의 증빙(이하, '수령서 등')을 입수해서 납품 사실을 확인한 후에 생산 담당자(주임기술자)와 판매 담당자가 시스템을 통해 매출 기간의 귀속을 확인해야 한다고 되어 있다.

그러나 조사위원회의 사정 청취 결과, 납품 기준을 판단하기 위한 수령서 등의 필요성에 관한 인식이 생산 담당자의 현장에는 깊숙이

침투되지 않았다는 사실이 밝혀졌다.

"이건 아직 작업 중이긴 한데, 완성품으로 처리해도 괜찮을까?"

"뭐, 별일 있겠어?"

이런 인식이 팽배했던 것이다.

또한, 다음과 같은 인식도 있었다.

"납품이 완료되었다는 건 어떻게 판단할 수 있나?"

"응? 뭐 대충 하면 되지."

이처럼 어떤 증빙을 갖춰야 납품을 완료했다고 평가할 수 있고 매출을 계상할 수 있는지, 그 판단과 운용 기준이 전 회사 차원에서 통일되지 않았다는 사실도 밝혀졌다.

그리고 납품을 확인하는 판매 담당자가 계약 기간을 확인하고 청구하는 등 매출과 관련된 절차를 진행하는 데에도 미숙했다.

이처럼 규칙의 이해도가 불충분했던 배경에는 매출의 중요성이나 납품 기준 등에 관한 사내 규칙의 이해를 돕기 위한 조직적인 교육이 지속적으로 이루어지지 않았다는 점이 있었고, 이 점이 매출 기간귀속의 오류를 조장했다고 보고서는 지적했다.

추가 공정의 관리는 어렵다

이번에는 '② 추가 업무에 따른 변경 계약을 할 때 규칙을 철저히 따르지 않음'에 관해 살펴보겠다. 이것도 ①과 마찬가지로 임직원에 대한 규칙 교육이 부족한 데 원인이 있었다.

아시아항측의 납품 기준에서는 원칙적으로 도급계약과 그 추가 업무에 관한 변경 계약 등의 매출은 한 건의 도급계약으로 취급하므로 같은 시기에 합쳐서 계상해야 한다.

그러나 특별한 사정이 없음에도, 현장의 판단으로 원 도급계약과 추가 계약을 각각 개별 계약으로서 여러 시기로 나누어 매출 계상하는 경우도 있었다.

"원 도급계약의 기간이랑 추가 업무 위탁을 받은 시기가 어긋나니까, 개별 물건으로 매출 계상해도 되잖아?"

분명히 전혀 다른 공정이라면 별개로 계상해도 괜찮을 듯하다.

예를 들어, 도쿄 항공사진을 찍은 뒤에 "잘 찍었네. 하는 김에 지바 사진도 찍어!"라고 한다면, 도쿄 촬영과 지바 촬영은 각각 다른 안건으로서 매출을 따로 계상할 만하다.

그런데 다음과 같이 말하는 경우는 어떨까?

"잘 찍었네. 이 사진을 당초 주문 수량의 두 배로 인쇄해!"

이 경우, 원 도급 내용은 똑같으므로 추가 주문과 함께 매출 계상하면 괜찮을 듯 보인다.

이 구별은 명확하지 않다. 바로 이 점이 사회과학으로서의 회계의 특성을 잘 보여 준다. 공표되는 여러 가지 회계기준, 회사가 제정한 규칙, 혹은 일반 상식을 토대로 원 도급계약과 추가 업무의 위탁 관계를 어떻게 해석할 것인지가 매출 계상 타이밍을 판단하는 기준이 된다.

추가 공정의 관리는 현실적으로 어려운 부분이 있다. 예를 들어, 매출이 발생할 때 추가 변경 계약이 존재하는지 철저히 확인하지 않는 경우가 매우 많다. 그러면 원 계약과 추가 계약을 같은 시기에 합쳐서 매출 계상해야 한다는 점을 간과해 버릴 수 있다.

이 문제를 해결할 수 있는 방법 중 하나가 원 도급 공정과 추가 공정을 반드시 **같은 번호로 관리**하는 것이다(예를 들어, 123-001이 원 도급 공정 번호라면 추가 공정은 123-002로 관리한다). 원 도급 공정과 추가 공정의 계약 서류를 **같은 파일에 정리**하고, 항상 최신 작업 공정을 유지할 수 있도록 작업 상황을 간트차트(공정표)로 만들 필요도 있다.

아시아항측에서는 부정 지출이 없었다는 점에 일단 안심했지만, 전혀 관계없는 공정의 경비를 전용하는 사례는 있었다(건설 회사 관계자의 접대비가 대표적인 예) 이런 일을 막는다는 의미에서도 앞서 말한 해결책이 효과적이라고 할 수 있다.

실적주의는 양날의 검

이어서 이번 회계부정의 발생 원인 중 세 번째인 '③ 매출 목표 달성을 지나치게 의식함'에 관해 살펴보겠다.

조사 보고서가 지적했듯이, 최근의 건설 관련 업계에서는 공공 공사가 줄어든 영향으로 업계 전체가 가격경쟁에 돌입했고, 수주액이 감소하는 치열한 경영 환경에 놓여 있다.

이런 경영 환경에서, 사내 규칙에 대한 이해와 인식이 부족했던 아시아항측의 임직원들이 사업 계획 달성을 위해 조기에 매출을 계상하는 부적절한 회계 처리를 하게 됐을 가능성이 있다.

나도 평소에 회계감사 업무를 하는 중에 매출 선행 계상 사례를 발견하고 회사에 재조사를 요청해서 최종적으로 매출을 취소한 적이 몇 번 있다. 이런 사례의 배경에는 '① 과도한 실적 연동 주의 ② 조기 주식 상장 ③ 부도 회피' 등의 요인이 있다.

'② 조기 주식 상장 ③ 부도 회피'에 관해서는 Episode 8 '시니어 커뮤니케이션'의 사례에서 다룰 것이므로, 여기에서는 '① 과도한 실적 연동 주의'에 관해 살짝 이야기하겠다.

내가 학생이었던 1990년대, 일본 주식회사의 비즈니스 모델은 종신고용제도가 일반적이었다.

하지만 서양식 경영 개념이 도입되면서 종신고용제도와 정반대로, 실적 연동에 의한 인사평가 시스템이 각 회사에 널리 보급되었다. 실적을 올리면 금전이나 승진으로 보상하는 것은 당연히 필요한 일이다. 그러나 너무 지나친 실적 연동 주의는 문제다. 내가 담당했던 클라이언트 중에도 매출 선행 계상으로 실적 연동 보너스를 얻으려고 한 경영관리자가 있었는데, '돈 때문에 그렇게까지 해야 해?' 하는 생각이 들며 놀라움과 실망을 감출 수 없었다.

과도한 실적 지상주의가 조직에 정착하면 개인과 개인이 서로 반목하고, 개개인이 부분 최적화를 목표로 삼게 되기 때문에 회사·조직의 전체 최적화를 꾀할 수 없으며, 결과적으로 실적이 떨어지

고 만다.

회사의 가장 큰 자산인 인재를 어떻게 처우하고 평가하느냐의 문제를 원점에서 새로이 고민해 보는 것도 회계부정을 방지하는 데 필요한 일이다.

보고, 연락, 상담이 회계부정의 방지책

아시아항측에서도 다른 회계부정 사건에서와 마찬가지로 재발 방지책을 세웠다.

① 통제 환경 대책: '회계보고는 적시에 정확하고 적절히 해야 한다. 허위 기재 또는 오해를 일으키는 장부 기재를 하지 않는다.'라고 선언하는 『임직원 행동 규범』을 철저히 알린다.

② 통제 활동 대책: 판매관리 요령, 생산관리 요령, 직무 권한 규정, 업무 흐름 등 사내 규정을 정비·재검토하고, 철저히 알린다.

③ 정보 전달 대책: 상담·통보 제도를 알리고, 컴플라이언스(compliance, 조직 구성원 모두가 제반 법규를 철저하게 준수하도록 사전적·상시적으로 통제·감독하는 체제-역주)와 관련된 앙케트 조사를 정기적으로 실시한다.

④ 매출 계상 기준에 관한 사내 규칙 등의 충실한 직원 교육 및 적정한 운용 확보: 인트라넷에 사내 규칙을 게재하고 각종 설명회나 연수회를 지속적으로 개최한다.

⑤ 모니터링 기능의 강화: 내부감사 실시 빈도를 늘리고, 감사 실

시 대상 범위를 확대하고, 샘플링 조사 건수를 확대하며, 검증 기능을 충실화한다. 아시아항측이 ⑥으로 든 재발 방지책은 특별히 나의 흥미를 끌었다.

⑥ 당사의 업무는 '개별 주문 생산'을 기본으로 삼는다. 따라서 고객마다 요구하는 사양이 다를 수 있고, 납기 전후에 고객이 갑작스럽게 사양을 변경하는 경우도 있다. 그 때문에 당사의 '납품' 완료 평가에 어려움을 수반하는 사례도 생겨난다. 더욱 합리적인 계상 기준에 관해서는 전문가의 견해를 통해 앞으로 지속적인 검토가 이루어져야 한다.

이는 어려운 회계의 논점을 전문가의 견해로 해결해 나가겠다는 뜻이다.

이해가 잘 안 되는 점이 있으면 보고, 연락, 상담을 하는 것이 기본이다.

비즈니스의 기본으로 돌아가는 것이 회계부정 방지에 무엇보다 중요하다.

이번 회계부정 사건에서 교훈을 얻은 아시아항측의 모든 구성원이 이를 잘 극복해 나가기를 바란다. 아시아항측의 노련한 조사 능력이라면 회계부정에 충분히 맞설 수 있을 것이다.

[회사를 강하게 만드는 처방전. '도급 공정']

① 사내 규칙을 잘못 이해하는 근본 원인은 교육 부족이다. 기회를 살펴서 교육의 자리를 마련하는 일도 경영의 역할이다.
② 사회과학인 회계는 공표되는 여러 가지 회계기준, 회사가 제정한 규칙, 혹은 일반 상식을 바탕으로 각 거래 관계를 어떻게 해석하느냐가 중요하다.
③ 도급 공정과 추가 공정을 같은 번호로 관리하고, 같은 파일에 정리한다. 간트차트를 만들어 관리하는 일도 필요하다.
④ 과도한 실적주의가 조직에 정착하면 개인과 개인이 서로 반목하고, 개개인이 부분 최적화를 목표로 삼게 되기 때문에 회사·조직의 전체 최적화를 꾀할 수 없으며, 결과적으로 실적이 떨어지고 만다.
⑤ 비즈니스의 기본인 보고, 연락, 상담은 회계부정 방지에 무엇보다 중요하다.

Episode

총무국장의 언동이 100주년의 커다란 오점 '긴테쓰'

부정의 프롤로그

"월차 결산 끝났습니다!"

"현금이 왜 이렇게 줄었지? 제대로 분석한 거 맞아?"

실제로 확인해 봤더니, 장부상으로 지급한 금액보다 실제 지급한 금액이 많다는 사실을 알 수 있었다. 긴키니혼철도(도쿄증권거래소, 오사카증권거래소, 나고야증권거래소 1부. 이하, 긴테쓰)의 자회사로서 부동산 임대 관리 등을 하는 긴테쓰 빌딩 서비스(이하, KBS사)에서 벌어진 일이다. 급히 사내조사가 시작되었다.

"결제 이력을 확인해 봐."

"어? 이건 KBS사가 거래하는 거래처 계좌가 아니네요."

"어디? 어라, 이건 경리부의 A씨 명의로 된 계좌잖아!"

사내조사 결과, 직원 A(징계해고)가 은행 결제 시스템을 부정하게 이용해서 횡령했다는 사실이 밝혀졌다. 부정행위는 2008년 4월부터 2009년 11월까지 총 70회 이루어졌고, 착복한 금액은 약 11억 엔이었다. 하지만 이 KBS사의 횡령 사건은 서장에 불과했다.

이번 에피소드는 긴테쓰에서 공표한 『당사 자회사의 부적절한 회계 처리에 관한 조사 결과』를 인용하면서, 자회사에서 이루어진 회계부정의 양대 산맥(횡령과 분식) 실태를 설명하겠다.

특권 ID의 악용

직원 A는 최근 보급된 은행 결제 시스템을 악용해서 횡령을 거듭했다.

"과장님도 참 바보 같다니까. 은행 결제 시스템의 관리자용 ID를 나한테 가르쳐 주다니 ♪"

2008년 4월 1일 이후에 시작하는 회계연도부터 상장기업에 도입된 내부통제보고제도, 통칭 J-SOX는 당시 IT 통제 문제로 시끄러웠다. 부정을 방지하려면 통제가 필요한데, 사람이 통제하기도 하지만 IT가 통제하기도 한다. 따라서 IT 통제를 별도로 J-SOX에 포함시킨 것이다.

이 IT 통제 중에서 가장 중시된 것이 '특권 ID 관리'다.

특권 ID란 가장 수준 높은 권한을 지닌 시스템 ID를 말하며, 시스템 관리자가 사용한다.

이 특권 ID를 관리할 때의 기본은 세 가지다. '승인받은 사람이', '필요할 때', '필요한 권한으로' 이용하는 것이다. 그러기 위해서 특권 ID를 제한적으로 부여한다.

KBS사에서는 원래 관리자가 관리해야 할 은행 결제 시스템용 ID를 권한이 없는 하위직 직원 A에게 맡겼다. 관리자가 스스로 편해지려고 직원 A에게 ID를 가르쳐 준 것이다. 하지만 **진짜 편해지려면 중요한 권한을 장악해야 하는 법**이다.

관리자는 결제 결과, 회계 데이터 입력 결과, 계정 잔액 내용 등을 충분히 검토해야 했다. 하지만 관리자의 통제(승인, 대조, 확인)는 이루어지지 않았다. 수치도 볼 줄 모르고 통제도 할 줄 모르는 '이름뿐인 관리자'였던 것이다.

직원 A는 과장이 정상적으로 승인한 결제 데이터를 취소하고 다른 결제 데이터를 작성해서 A 명의의 계좌로 부정 송금했다. 이를 은폐하기 위해 상사의 승인 없이 경비 지불 전표에 가공으로 기표하고, 미수금을 계상하거나 선수금을 마이너스 계상하는 행위까지 반복하며 회계 데이터에 등록했다.

특권 ID는 매우 강력한 권한을 지닌다. 이는 IT 통제상 가장 관리가 필요한 사항이다. 이처럼 매우 강력한 권한을 너무나 쉽게 부하에게 가르쳐 줬기 때문에 상사도 동일한 책임을 져야 하는 것은 당연하다.

관리자의 무능력을 역이용한 직원 A가 약 11억 엔의 횡령을 할 수 있던 배경에는 직원 A가 입사 이후 13년 동안 줄곧 경리부에서만 근무해서 KBS사의 경리 업무를 속속들이 알고 있었다는 점도 크게 작용했다. 인사이동 정책상의 문제점이었다.

아울러, 일본공인회계사협회에서 공표한 『재무제표 감사에서 정보기술(IT)을 이용한 정보 시스템에 관한 중요한 허위 표시 리스크 평가 및 평가한 리스크에 대응하는 감사인의 절차』(IT위원회 보고 제3호. 신실무 지침 초안이 2011년 6월에 공표됨) 등을 참고하면, 특권 ID를 포함한 IT 통제의 개념 및 시스템과 그 밖의 중요한 요소를 이해하는 데 도움이 될 것이다.

역린을 건드린 어설픈 행위

KBS사 횡령 사건을 계기로, 긴테쓰에서는 사내조사 팀이 꾸려졌고, 사내조사 팀은 그룹의 각 회사에 나가서 임직원에게 질문하고 장표류를 열람했다.

이런 노력이 성과를 거두었는지, 긴테쓰의 자회사이자 광고 대리업을 영위하던 미디아트(사건 발생 후 긴테쓰의 자회사인 애드긴테쓰에 흡수분할합병되었다.)의 사장 S는 2010년 1월 27일에 시작한 감사 법인의 감사에 결국 항복했다. 이틀 후인 2010년 1월 29일에 "총액 43억 엔이 넘는 분식 결산을 했습니다……."라고 자백한 것이다. 긴테쓰 경영진은 "이게 무슨 짓인가!" 하고 일갈했을 것이다.

긴테쓰는 2010년 9월에 기념할 만한 100주년을 맞이한다……. 그런데 고구마 뿌리처럼 줄줄이 딸려 나오는 회계부정은 너무나 조악하고 불합리한 100주년 선물이었다.

긴테쓰는 현실을 받아들여 전 오사카고등검찰청 검사장을 위원장으로 하는 사외조사위원회를 구성하고, 조사 보고서를 받았다. 이 조사 보고서는 이번 회계부정의 법률상 해석과 사건 관여자의 책임을 설명하는 데 큰 참고가 되었다.

짐승이 판치는 소굴

"이런 멍청한 자식! 실적이 이것밖에 안 돼?"

"죄, 죄송합니다……. 하지만 이게 저희 부서에서는 모든 노력을 다한 결과라……."

"그걸 누가 알아주는데? 무조건 목표를 달성하라고! 무슨 짓을 해서라도 말이야!"

회의실에서는 언제나처럼 미디아트 사장 S(부정을 자백한 후 해임되고, 특별배임죄로 기소되었다.)의 분노 섞인 고함이 울려 퍼졌다.

이처럼 부하를 함부로 대하는 S사장의 언동이나 '숙청 인사'는 목표를 달성하지 못한 각 사업본부 및 각 지사장에게 상당한 압박이었다고 한다. 그래서 미디아트의 임직원은 다음 같은 말을 하기도 했다.

"매번 그러는 건 아니지만, S사장님의 의견에는 반대하기 힘듭니다. 저에게도 부양할 가족이 있는데, 보복 인사가 두렵기도 하고……."

미디아트의 임직원은 모회사에서 옮겨 온 사장 S를 절대적 존재로 받아들일 수밖에 없었다. 이런 사정 때문에 직원들은 회계부정을 알아차려도 자기 보신을 위해 입을 꾹 다물었다. 도덕성 저하와 맞물려서 대외적으로 이 사실을 입 밖에 내는 사람은 한 명도 없었다.

강력한 리더십이 도를 넘으면 부정이 발생하기 쉽다.

S사장의 공포정치가 미디아트의 임직원들에게 목표 실적 달성에 대한 공포 관념을 심어 주었고, 부하는 부적절한 처리를 지시받아도 (소극적 지시도 포함) 'S사장님의 지시는 절대적이니까······.' 라는 생각에 위축되어, 정상적인 회계 규칙에서 벗어난 경리 처리를 반복했다.

어디를 중점적으로 볼까? 그룹 회사의 선정 기준

'어디부터 손을 댈까? 전부 살펴보고 싶긴 한데······.'

2009년 4월~2010년 3월기의 유가증권 보고서에 따르면, 긴테쓰 그룹은 총 128개사가 모인 대가족이다. 그래서 다음과 같은 순서로, 중요한 자회사에서 부적절한 경리 처리가 이루어지지 않았는지 검증했다.

일단 '내부통제에 관한 질문서'를 각 자회사에 송부해서, 각 사의 리스크 정도와 내용을 파악하는 일부터 시작했다. 질문서에 대한 회답 내용을 검토한 후, '내부통제 리스크가 높다'고 생각되는 회사를 선정하고, 미디아트를 포함한 11개사를 조사하기로 결정했다고 한다. 그리고 감사가 진행되어 내부통제를 기대할 수 있는 상장회사나 규모가 큰 회사는 조사 대상에서 제외했다.

덧붙여, 미디어트는 격년으로 감사 법인에서 감사를 받았다. 그때 업무 시스템의 잔액과 총계정 원장의 잔액을 대조할 수 없었다는 문제점을 지적당한 사실이나, 외상매출금이 많다는 사실 때문에 조사 대상이 되었다.

한정된 시간과 비용으로 효율적인 회계부정 조사를 하기 위해, 질문서 등으로 조사 대상을 좁히고 과거 감사 실적을 검토해서 이상한 점이 있는 회사만 추려 내어 조사를 실시했다고 한다.

뒤틀린 애사심

2001년경 총무국장이었던 S는 지시받은 결산안을 살펴보다 다음과 같은 생각으로 분식을 시작했다고 한다.

'여름 보너스를 지급하면 적자가 난다……. 한 번 적자를 내면 회사 사정은 점점 악화될 것이다……. 하지만 보너스를 지급하지 않으면 직원의 사기가 떨어지니…….'

S는 경리부장과 교섭을 벌였다.

"적자를 내지 않고도 보너스를 지급하고 싶은데, 경리부장님, 무슨 방법이 없겠습니까?"

"글쎄요. 이런 방법은 어떻습니까, 총무국장님……."

이렇게 해서 실행한 것이 다음 회계연도에 매출 계상되는 안건을 독자적으로 추출해서 매출을 앞당겨 계상하는 방법이었다.

그러나 '적자를 내지 않고도 보너스를 지급하겠다'는 선의로 분식을 벌인 결과 긴테쓰 창업 100주년에 커다란 오점을 남기고 말았다……. 뒤틀린 애사심은 회사에 피해를 주었을 뿐 아니라, 부하와 회사를 걱정했던 S 자신까지 상처를 입혔다.

조사 보고서에는 S사장에 대한 흥미로운 언급이 있다.

'직원의 사기를 유지하고 회사를 존속시키겠다는 대의명분하에 이상하리만큼 부정에 집착했다. 결국 법령 준수 의식을 무력화시켜서, 최종적으로는 목적 달성을 위한 올바른 수단을 선택하지 못하게 되었다. 그 결과, 실체 없는 수치를 만들어 내면서까지 실적(필수 달성 매출액)을 달성하고 적자를 회피하려는 의사를 갖기에 이르렀다.'

이번 사건에 관해 S사장에게서 사정을 청취했을 때의 언급도 흥미롭다.

'자기 행위를 정당화하거나 책임을 회피하려고 변명하는 자세를 보여서, 법령 준수 의식이 매우 희박하거나 결여되었음을 알 수 있다.'

미디아트 사장 S의 뒤틀린 애사심이 거액의 분식 사건으로 이어졌다고 할 수 있다.

가공 매출의 실체와 분식의 수법

미디아트의 분식 수단은 크게 '① 재무전표에 의한 이익 조작 ② 회계 원칙에 적합하지 않은 예상 매출 계상 ③ 대손금 은폐'로 나눌 수 있다. 순서대로 설명하겠다.

① 재무전표에 의한 이익 조작'은 '가공 매출 계상'과 '부적절한 원가 이연 처리'로 세분할 수 있다.

당초 S는 총무국장 시절에 '직원과 회사를 위한다'는 생각으로 경리부장에게 부탁해서 분식 수법을 배웠다. 그때의 수법은 앞에서 말했듯이 '매출을 앞당겨 계상하는 방법'이었다. 원래 다음 회계연도에 계상해야 할 거래를 앞당겨 계상하는 것이기 때문에 완전한 가공 거래는 아니었다. 오해를 살까 봐 덧붙이자면, 이는 단순히 매출 날짜를 변경한 것에 불과했다(물론 이도 엄연한 분식이다).

하지만 이 방법은 마약과 같다. 당장에 처한 위기만 모면하겠다는 생각으로 거래를 앞당겨 계상하면, 자사를 둘러싼 경제 환경의 급격한 변화로 실적이 급호전되지 않는 이상 좀처럼 끊을 수 없는 방법이다.

예를 들어, 매출 100을 앞당겨 처리했다고 치자. 미디아트뿐 아니라 매출을 앞당겨 처리하는 모든 회사에서는 이번 회계연도에 앞당겨 계상한 매출 100을 다음 회계연도 초에 역분개해서 취소하고 시작해야 한다. 영업 담당자 입장에서 보면 갑자기 마이너스 계상으로 시작하는 셈이므로, 목표 실적 달성은 힘들어진다.

"왜 목표를 달성하지 못한 거야!"

S사장이 이렇게 질타해도 임직원들은 꿀 먹은 벙어리였다.

'그건 사장님께서 매출을 앞당겨 처리하셨기 때문인데요······.'

분명히 이렇게 대꾸하고 싶었을 것이다.

임직원들에게 주어지는 목표 실적은 달성하기 어려웠음이 틀림없다.

IT 통제를 근본부터 무너뜨리다

이 가공 매출 수법을 조금 더 상세히 살펴보겠다. 미디아트에서는 매출 실적이 좋지 않았던 시기(늦어도 2001년 4월~2002년 3월기)부터 사장, 총무국장, 경리부장이 분식을 실행하자고 밀담하고, 여러 번 분식 결산서안을 작성했다고 한다.

이번 회계부정이 가능했던 이유는 가공 매출 계상의 시스템 때문이었다.

그림 5를 보기 바란다. 미디아트의 경우, 영업 관련 업무 시스템과 회계 시스템이라는 두 가지 시스템이 존재한다. 정상적인 경우, 영업 부문이 매출을 업무 시스템에 입력하면 이 데이터가 회계 시스템에 자동으로 반영되는 구조다. 즉, 업무 시스템과 회계 시스템의 외상매출금 데이터는 일치하게 된다.

하지만 S사장이 분식 행위를 하면서 이 정상적인 시스템이 무너져 버렸다. 원래 매출 데이터는 매출전표를 통해 영업 관련 업무 시스템에 입력하지만, 분식을 하기 시작하면서 경리 부문에서 재무전표를 작성하고 매출 데이터를 회계 시스템에 직접 입력했다. 이로써 업무 시스템과 회계 시스템 사이에서 분식 데이터 분량만큼 매출 데이터가 어긋나게 되었다.

"업무 시스템의 외상매출금 잔액표와 회계 시스템의 외상매출금 잔액표를 보여 주십시오!"

감사 법인이 평소와 달리 매우 강력하게 요구하자 S사장과 관계자들

그림 5. 두 가지 시스템의 정상적인 흐름 & 분식에 사용된 수법

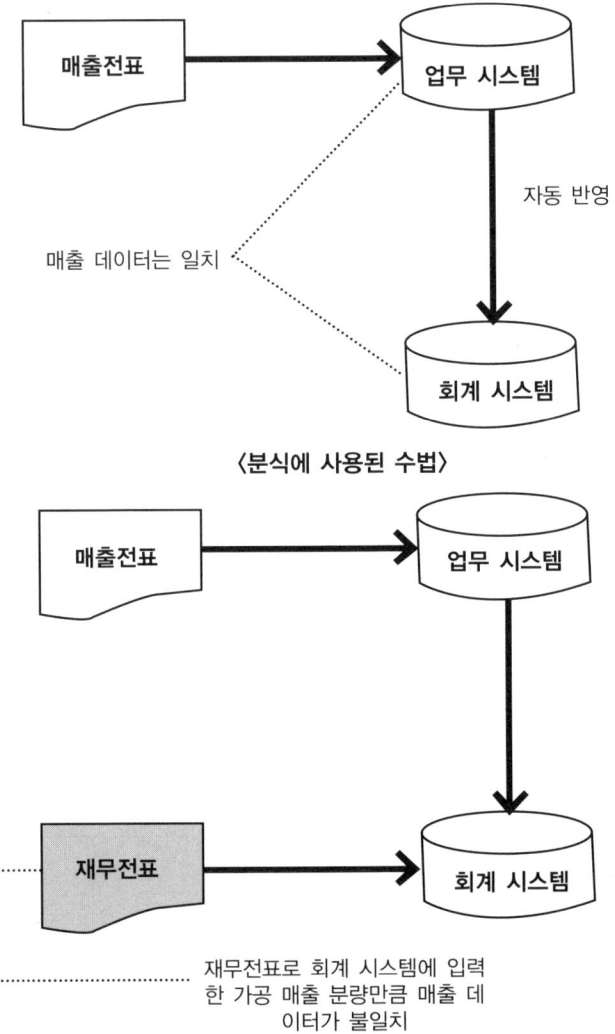

은 횡설수설 변명했고, 그로부터 이틀 후 분식 결산 사실을 고백했다.

사실 과거 감사에서도 미디아트는 회계부정의 의심을 받았다. 하지만 미디아트는 회계 시스템의 외상매출금 잔액과 업무 시스템의 외상매출금 잔액에 관한 자료를 요구받으면, 시스템을 부정 개조해서 외상매출금 잔액표를 출력할 수 없도록 인쇄 버튼을 화면상에서 삭제하는 망동까지 저질렀다.

"선생님의 요구는 충분히 이해하지만, 화면을 보시다시피 원래 이 시스템에는 외상매출금 잔액표를 출력하는 기능이 없습니다."

경리 직원과 시스템 관리자가 입을 맞춰서 조직적으로 은폐 공작을 벌였다고 할 수 있다.

미디아트의 집요한 분식 행위는 결과적으로 거액의 적자를 낳았다.

현실적으로 IT에 의존할 수밖에 없는 상황에서 경영관리자가 'IT를 모르고서는' 경영에 임할 수 없다는 사실을 충분히 이해할 필요가 있다.

가공 매출 계상이 재무전표로 이루어진 이번 사례의 경우, 비정상적인 이익률이 나오지 않도록 매출과 동시에 매출원가도 계상했으므로 그나마 다행이었다(그 외에도 재무전표를 사용해서 원가를 이연하는 분식 수법도 확인되었다. 원가 이연 처리는 Episode 6 '후타바산업'의 사례를 참조하라).

원칙의 곡해

이어서 '② 회계 원칙에 적합하지 않은 예상 매출 계상'이라는 분식 수법을 살펴보겠다.

미디어트에서는, 광고 간판 제작 등의 도급 공사는 완료·검수할 때 매출을 계상하고, 광고 대리 용역 제공은 용역 제공을 할 때 매출을 계상하는 '완성 기준'이 원칙이었다.

한편, 결산 조기화를 위해 '결산기 말일인 3월 31일 이전에 납품 및 완성한 물건 중 매출 계상되지 않은 것은 예정 판매가로 매출 계상한다.'라는 예외적 처리를 인정했다(이에 관해 '예정 판매가로 계상한 매출 데이터는 다음 회계연도 초에 취소한다.', '결산기 말일까지 납품 및 완성되지 않은 물건 중 거래처의 요청으로 청구서 발행을 의뢰받은 것은 납입 및 완성일까지 매출 계상하지 않는다.'라는 주의 사항이 딸려 있었다. 조사 보고서는 예정 판매가로 매출 계상하는 일 자체에는 문제가 없다고 결론지었다).

그런데 작업이 어디까지 진척되었는지 혹은 작업이 정말로 완료되었는지 하는 사실은 각 사업부에서만 확인할 수 있었기 때문에, 예상 매출이 회계 원칙에 합치하는지는 경리가 판단할 수 있는 상황이 아니었다.

이런 사정 때문에 S사장의 공포정치 아래 놓였던 미디어트에서는 목표 실적 달성을 위해 회계의 원칙을 점점 왜곡했고, 결산기 말일 이전에 납품 및 완성되지 않은 안건까지 매출 계상하는 방법이 전 회사 차원에서 널리 쓰이게 되었다.

원칙을 만들었다면 그 원칙을 모니터링하는 시스템도 함께 만들어야 한다. 하지만 미디아트는 이 점을 무시했다.

장미 가시에 찔린 것보다 더 아픈 실수

이어서 '③ 대손금 은폐'라는 분식 수법을 살펴보겠다.

선물로 인기 만점인 꽃 하면 뭐니 뭐니 해도 '장미꽃'이다. 장미꽃의 인기에 편승하기 위해 '세계 장미 회의의 개최'를 담당한 미디아트는 협력 회사 콩브사의 사장으로부터 갑작스러운 요청을 받았다.

"S사장님, 드리기 어려운 요청입니다만……. 사실, 이번 세계 장미 회의가 생각만큼 반향을 일으키지 못해서 저희 회사의 자금 융통이 어려워졌습니다. 8400만 엔 정도 융자해 주실 수 있으신지요?"

이런 요청을 받은 S사장은 이사회 결의를 거치지도 않고 독단적으로 콩브사에 융자해 줬다.

그러나 콩브사는 파산했고 융자액은 회수가 불가능해졌다…….

S사장은 '장미 가시에 찔린 것보다 더 아프구나.' 하고 느꼈을 것이다.

무엇보다 S사장은 '독단적으로 융자해 주었다는 사실이 드러나면 내 목이 달아나겠지.' 하는 생각에 자신이 독단적으로 시행한 부정 융자를 교묘하게 은폐했다.

융자는 현금을 지출하는 것인데, 대여금으로 계상하는 것이 보통이다.

(차변) 대여금 8400만 엔　(대변) 현금예금 8400만 엔

하지만 부정 융자를 숨기기 위해 재공품 또는 외상매입금의 마이너스로 계상했다.

(차변) 재공품 또는 외상매입금 8400만 엔 (대변) 현금예금 8400만 엔

이렇게 분개하면 현금은 지출되지만 대여금으로서 BS(대차대조표)에 계상되지 않기 때문에, 회수가 불가능해졌다는 사실을 숨길 수 있다. 원래대로라면 불량채권으로 인정하고 대손금으로 PL(손익계산서)에 계상해야 하는 사실이 은폐된 셈이다.

이 외에도, 외상매출금을 외상매입금의 마이너스로 바꿔서 외상매출금이 마치 회수된 것처럼 위장하는 방법으로 대손금을 은폐했다는 사실도 조사 과정에서 드러났다.

(차변) 외상매입금 △△△　(대변) 외상매출금 △△△

이렇게 분개해서 외상매출금이 회수된 것처럼 위장할 수 있었고, 불량채권이 된 외상매출금을 대손금으로 계상하지 않을 수 있었다.

게다가 외상매출금을 외상매입금으로 직접 바꿀 경우 경리를 조금이라도 아는 사람이라면 금방 의심을 할 수 있으니, 외상매출금에서 일단 가불소비세*를 경유해서 외상매입금으로 전환하는 등 교묘한

---

* 대한민국의 부가가치세 대납금과 유사

은폐 공작의 향연을 벌였다.

한 중의원 의원의 말을 빌리면, '미디아트는 분식 백화점' 이었다.

(차변) 가불소비세 △△△   **(대변) 외상매출금** △△△

(차변) 외상매입금 △△△   **(대변) 가불소비세** △△△

미디아트의 세 가지 수법에 의한 분식 금액은 ① 재무전표에 의한 이익 조작 약 25억 엔, ② 회계 원칙에 적합하지 않은 예상 매출 계상 약 4.6억 엔, ③ 대손금 은폐 약 1.5억 엔, 총 약 31억 엔에 달하며, 이는 영업 손익에 큰 영향을 끼쳤다. 그 외에, 진행 중인 공정에서 상대방이 채무를 인식하지 못한 공정을 매출 계상하는 등의 부적절한 처리 약 6.5억 엔, 에피소드의 첫머리에서 소개한 KBS사의 횡령 사건 약 11억 엔 등을 포함하면 최종적으로 약 50억 엔의 손실을 끼친 이번 회계부정 사건은 창립 100주년의 긴테쓰 그룹을 뿌리째 흔들었다.

긴테쓰 그룹의 모든 구성원은 이번 회계부정 사건이 다음 100년을 향하는 올바른 레일을 까는 작업에 필요한 일이라 여기고, 아무쪼록 전향적인 자세로 전진해 나가길 바란다.

[회사를 강하게 만드는 처방전. '직장 내 공포정치 박멸']

① 그룹회사에서는 하나의 부정이 발각되면 고구마 뿌리처럼 다른 부정도 줄줄이 딸려 나오는 경우가 있다. 구태를 뿌리뽑기 위해서라도 그룹 각 사의 조사 대상 범위를 엄격히 선정하는 일이 중요하다.
② 특권 ID는 강력한 힘을 지닌다. IT 통제에서 가장 신중히 다뤄야 할 대상이다.
③ 공포정치를 일삼는 경영자를 내버려 두면 조직이나 팀이 위축된다. 정기적인 인사이동을 적절하게 실시해서 소통이 잘 되는 조직을 만드는 일이 회계부정 방지에 필수적이다.
④ 목표 실적을 중시하는 것은 때로 커다란 부정으로 이어진다. 목표 실적 달성을 독려할 때에는 적당히 여유를 가져야 한다.
⑤ IT 통제는 시스템 상호 간의 인터페이스(=연결)를 살피는 일도 중요하다. 상식적으로 시스템에 어떤 기능이 갖춰져야 하는지 확인한다.
⑥ 원칙의 예외는 어디까지나 예외로서 엄격히 다루어야 한다. 회사의 상황에 따라 원칙을 왜곡하는 것을 허용해서는 안 된다.

Episode

아이치 엑스포와 함께 사라진 재공자산과 부정 금융 '후타바산업'

재공자산을 조사하라!

2008년 9월 26일 경영진과 감사 법인의 의견 교환회가 평소처럼 개최되었다.

"그럼 의견 교환회를 시작하겠습니다. 선생님, 말씀하시죠."

"갑작스럽지만 오늘 부탁드릴 말씀이 있습니다. 이 자료를 보시죠. 귀사의 재공품(제조 공정에서 제품이 되기 전의 재고자산)과 건설 가계정(건설*·제조 과정에서 건물이나 금형 등의 공구가 되기 전의 고정자산), 이른바 재공자산이 매년 크게 증가하고 있습니다."

"확실히 그렇군요. 그게 어떻다는 말씀입니까?"

---

* 대한민국의 경우 건설중인 자산이란 명칭으로 사용됨

그림 6. 후타바산업의 재공품

(단위: 백만 엔)

항목	재공품	건설 가계정	매출액	회전기간(자산÷월 매출액)	
				재공품	건설 가계정
2001년 3월	7,197	729	170,267	0.51	0.05
2002년 3월	8,580	1,392	169,153	0.61	0.10
2003년 3월	6,870	3,322	187,734	0.44	0.21
2004년 3월	13,037	10,045	195,076	0.80	0.62
2005년 3월	14,279	18,152	229,839	0.75	0.95
2006년 3월	23,197	25,331	259,385	1.07	1.17
2007년 3월	28,530	51,812	290,309	1.18	2.14
2008년 3월	35,069	50,797	326,088	1.29	1.87

※ 모두 이번 회계부정이 발각되기 전의 수치임. 회전기간은 필자가 계산함.
※ 회전기간=자산(재공품 또는 건설 가계정)÷(매출액÷12)로 계산함.

"우리는 이 재공품과 재고자산 가운데 본디 비용으로 인식해야 할 것들이 꽤 많이 포함되어 있지 않을까 생각합니다. 이와 관련해 사장님의 지휘하에 재공품과 건설 가계정의 잔액 내용을 조사하셔서 그 내용을 보고해 주시기 바랍니다."

"알겠습니다. 곧바로 조사하겠습니다."

이런 대화가 오간 회사는 1945년 아이치 현에서 창업해서 자동차 머플러 등의 프레스를 생산하는 후타바산업(도쿄증권거래소, 나고야증권거래소 1부)이었다.

그때까지만 해도 경영진과 감사 법인의 의견 교환회가 예상치 못한 방향으로 흐를 줄은 아무도 몰랐다·······.

이번 에피소드에서는 2009년 4월 3일에 공표되고 2009년 7월 17일에 수정 공표된 『개선 보고서』와 『주식회사 비즈니스 디자인 연구소에 대한 부정한 금융 지원 및 특별조사위원회의 조사 결과 보고에 관해』, 『책임추궁위원회 답신에 관해』 등을 인용해서 의도하지 않은 분식과 자회사 임원에 의한 부정 금융 지원에 관해 설명하겠다.

일이 심상치 않다

"감사 법인이 재공품과 건설 가계정에 관해 조사하라고 했어. 우선 개요를 세우고 나한테 보고하도록."

이렇게 해서 건설 가계정 잔액 리스트와 재공품 재고 리스트로 내용을 확인하게 되었다. 그리고 생각지도 못한 사실이 드러났다.

"어! 이건 아직 본계정으로 대체되지 않았네?"

"이봐. 이것도 그래. 어떻게 된 일이지? 심상치 않은데. 손실이 상당할 것 같은데······."

재공품과 건설 가계정을 분석할수록 점점 초조해지기 시작했다.

사내조사 결과, 건설 가계정 가운데 프레스에 이용하는 금형 등에서 이미 사용했는데도 본계정으로 대체되지 않은 것이 다수 발견되었다.

후타바산업에서는 금형을 제작하는 경우, 대량생산 개시 전에는 건설 가계정으로 계상하고, 대량생산을 개시하고 나서는 고정자산으로 계상하며(본계정으로 대체), 감가상각을 통해 매 회계연도마다 손익계산에 반영한다.

사내조사위원회에 따르면, 2003년 4월~2004년 3월기부터 회사 업무가 갑자기 확대되면서 경리 부문의 업무도 포화 상태가 되었다고 한다. 그 결과, 현장과 경리 부문의 소통이 부족해지는 바람에, 대량 생산 개시 후 금형의 일부가 감가상각 자산으로 대체되지 않고 건설 가계정 상태로 남아 있게 되었다.

가계정이 본계정으로 대체되지 않고 누락됨으로써 발생한 손실은 144억 엔이었다. 하지만 이는 서장에 불과했다.

1000억 엔이 바람과 함께 사라지다

후타바산업에서는 해외 자회사에 금형·설비·검사치구를 제공할 때 일본 국내 자회사에 하는 것과 달리 대여하지 않고 판매한다. 그리고 매출 계상 전에는 재공품으로 계상하고, 매출 계상 후에는 매출원가로 대체하는 규칙이 있다.

그러나 앞서 설명한 건설 가계정과 마찬가지로, 현장과 관리 부문 사이의 커뮤니케이션이 부족해서 매출과 동시에 재공품 계정에서 매출원가 계정으로 대체해야 했던 사항이 다수 그대로 남겨졌고, 이러한 매출원가 누락으로 발생한 손실은 165억 엔이었다.

또한, 자동차 제조사로부터 용접 라인을 수주했을 때 설계, 사양 변경, 재검토 등으로 발생한 비용이 회계연도를 넘기는 시기에 재공품 계정 그대로 남아 있게 되어 발생한 손실은 26억 엔이었다.

그리고 가설조정비 전액을 자산으로 계상함으로써 발생한 손실은 451억 엔이었다. 이에 관해서는 추후에 설명하겠다.

결과적으로 상당한 액수의 연속 적자가 계상되어 178억 엔에 달하는 고정자산 감손손실이 계상되었고, 76억 엔에 달하는 이연세금자산*을 날릴 수밖에 없는 '회계 함정(자세한 사항은 졸저『결산서의 50%는 억측으로 이루어져 있다』를 참조하라.)'에 빠지고 말았다. 이와 함께 재무제표 작성의 대전제인 '계속기업의 가정(going concern assumption)'이 무너질 징조를 보였고, 금융기관과의 차입 계약 조건인 '재무 제한 조항(financial covenant)'에 저촉되기까지 했다.

그 외에 후타마 산업의 이번 회계부정에서 세세한 수정을 거친 손실 금액은 여섯 회계연도 합계 1043억 엔(연결 매출액)! 2010년 연결 매출액이 3763억 엔이므로 연간 매출액의 무려 3분의 1이 증발해 버렸다는 계산이 나온다. 이런 사태에 이른 대부분의 원인이 현장과 관리 부문(특히 경리 부문)의 커뮤니케이션 부족에 있었다……

세미나에서 "원가계산을 정확하게 하려면 무엇에 주의해야 합니까?"라는 질문을 받으면, 나는 반드시 **"현장과 관리 부문의 커뮤니케이션이 원활히 되도록 하십시오."**라고 대답한다.

하지만 의외로 이 부분을 소홀히 하는 회사가 많다.

---

* 대한민국의 경우 이연법 인세자산이라는 명칭으로 사용됨

생각지도 못한 사태의 조짐

사장에게 보고된 건설 가계정과 재공품의 실상은 경영진을 상당히 조급하게 만들었다.

"이거 큰일이로군……. 일단 감사 법인과 상담을 해야겠어."

후타바산업의 경영진과 면담한 감사 법인은 사정을 듣고 나서 입을 열었다.

"사장님, 이 건은 금액으로나 질적으로나 심각하다고 판단됩니다. 과년도 결산서를 정정해 주셔야 할 것 같습니다."

"그렇군요……. 상세히 조사해 선생님께 보고드리겠습니다."

이런 대화가 오간 후타바 산업에서는 당시 사장을 위원장으로 하고 고문 변호사까지 포함하는 사내조사위원회를 발족시켰다. 그리고 회사와 이해관계가 없는 제삼자로 구성된 사외조사위원회도 발족시켜서, 전 회사 차원에서 재공품과 건설 가계정의 회계부정 문제를 규명하기로 했다.

그런데 그 과정에서 생각지도 못한 사태와 맞닥뜨렸다…….

원가란?

여기에서는 앞에서 잠깐 언급한 가설조정비에 관해 이야기하겠다.

「기업회계 원칙」은 부기 공부를 해 본 사람이라면 한 번쯤은 들어봤을 것이다. 경리직에 종사하는 사람이 최종적으로 의지해야 할 회계 규칙이다. 「기업회계 원칙」을 더 자세히 설명하는 규칙으로는 통칭 '연속 의견서'로 불리는 「기업회계 원칙 및 관계 법령과의 조정에 관한 연속 의견서」가 있다. 그중 '연속 의견서, 제3. 유형고정자산의 감가상각에 관해'라는 항목에 다음과 같은 규정이 있다.

'고정자산을 구입해서 취득한 경우에는 구입대금에 매입수수료, 운송비, 하역비, 가설비, 시운전비 등 부수비용을 합쳐 취득원가로 삼는다. 다만, 정당한 이유가 있으면 부수비용의 일부 또는 전부를 가산하지 않고 취득원가로 삼을 수 있다.'

또한, '연속 의견서, 제4. 재고자산의 평가에 관해'에서는 다음과 같은 규정이 있다.

'구입재고자산의 취득원가는 구입대가에 부수비용의 일부 또는 전부를 가산해서 산정한다. …(중략)… 부수비용으로 가산하는 항목은 거래운임, 구입수수료, 관세 등 용이하게 가산할 수 있는 외부 부수비용에 한하는 경우가 있고, 외부 부수비용 전체인 경우도 있다. 그리고 구입사무비, 보관비, 기타 내부 부수비용도 취득원가에 포함하는 경우가 있다. 가산하는 부수비용의 범위를 일률적으로 정하기는 어렵고, 각 기업의 실정에 따라 수익비용대응의 원칙, 중요성의 원칙, 계속성의 원칙 등을 고려해 적정하게 결정할 필요가 있다.'

즉, 재공품 등의 재고자산이든 공구 등의 고정자산이든 '자산의 취득원가=구입대가+부수비용'이며, 부수비용에는 가설비가 포함되는 셈이다. 그런데 이런 부수비용을 어디까지 취득원가에 포함할 것인지는 각 기업의 실정에 따라 결정하라는 뜻이다.

후타바산업에서는 가설조정비라는 부수비용을 자산의 취득원가에 산입한다고 사내 규칙으로 정했다. 가설조정비란 생산을 위한 금형 등을 사용하기에 앞서 필요한 성능을 확인하고 조정하는 데 드는 비용이다. 구체적으로는 신제품의 생산 라인을 조정하는 데 필요한 '시운전 비용'을 말한다. 후타바산업에서는 시운전을 위해 투입되는 재료비, 외주 부품비, 인건비 등의 항목을 취득원가에 산입했다. 지금까지 이 가설조정비는 일정한 기준을 설정하고 배부계산해 왔는데…….

납득시킬 수 없다면……

후타바산업은 이번 사건 조사를 받으며 감사 법인 측으로부터 다음과 같이 지적당했다.

"시운전 작업에 드는 비용의 자산성은 이해하지만, 그 비용의 계상 근거 자료(증빙)가 보존되어 있지 않으니 감사 법인으로서도 계산의 타당성을 검증할 수 없습니다. 또한, 과거의 실적과 설비의 고도화를 고려해 귀사가 설정한 기준에 따라 배부계산해 온 견적 계산도 합리성이 부족한 느낌입니다.

그래서 이 시운전 비용 같은 가설조정비에 관해서는 배부계산의 합리성과 계상 근거 자료의 실재성을 인정할 수 없으므로 전액 비용으로 처리해 주십시오."

이렇게 해서 정정한 금액이 451억 엔이었다.

왜 이런 중요한 규칙을 감사 법인과 상담도 하지 않고 회사 측에서 일방적으로 결정했을까?

원래 회계는 사회과학이라서, 자연과학처럼 모든 현상을 설명하는 일정하고 보편적인 규칙이 없다. 각 시대의 경제 환경을 반영해서 제정·적용되기 때문에, 같은 거래라 하더라도 입장에 따라 서로 다르게 결산서에 기표할 수도 있다. 따라서 각 회사의 경영 실태를 결산서에 올바로 반영하려면 **회계 규칙을 선정할 때 신중하면서도 대담해질 필요가 있다.**

후타바산업은 이번 사태를 겪고 나서 개선 보고서에서 '앞으로는 회계 처리 방법을 변경할 때 감사 법인과 협의해서 실수가 없도록 하겠다'고 밝히며 반성했다.

국제회계기준(IFRS, international financial reporting standards)이 도입되면 대원칙만 공표될 뿐, 세부적인 규칙은 각 회사에서 자유롭게 결정하게 된다. 그러면 회계 규칙 선정에 유의해야 할 사항이 더욱 늘어날 것이다.

일단은 기본을 확실히 다져야 한다. 모르면 아는 사람에게 물어볼 필요가 있다. 이런 자세가 회계부정을 막는 비결이다.

경영관리자의 업무

후타바산업의 보고서를 살펴보면서 '경리부 직원들이 상당히 힘들었겠구나.' 하고 느꼈다. 이번 회계부정의 한 원인으로 들 수 있는 것은 경리의 업무 부담이 이상할 정도로 심했다는 사실이다. 후타바산업의 경리부는 ① 본업인 경리, 재무 업무 외에, ② 이사회, 경영 회의, 집행임원회의 사무국 업무, ③ 목표 관리, 설비 투자 기획 등의 기획 관리 업무, ④ 내부통제 전체와 관련된 관리 업무까지 떠안고 있었다.

더구나 이번 회계부정이 발생한 연도는 감손, 회사법, 내부통제, 사분기 결산 등과 관련된 회계 규칙이 변경 도입되기 시작한 시기이기도 했다. 가뜩이나 바쁜 경리·재무 업무 외에, 원래 경리가 하지 않아도 될 업무까지 떠맡았으니 실수가 일어나는 게 당연하다.

경영관리자의 중요한 역할 중 하나는 **적재적소에 인재를 배치하는 일**이다. 회사가 유기적으로 결합된 조직으로서 최적의 결과를 내려면, 필요한 곳에 필요한 경영자원을 투입해야 한다. 과도한 업무에 시달리던 당시의 경리부 직원들이 안쓰러울 뿐이다.

감사 법인도 이 점을 어렴풋하게 느끼고 있었다. 경영자와의 의견 교환회에서 경리부의 인원 보충이나 업무 재편을 제안하는 일도 감사를 효율적으로 만들고 내부통제를 개선하는 데 필요하지 않았을까 싶다('감사 법인은 인사에 개입해서는 안 된다'는 의견도 있지만……).

후타바산업은 이번 사건을 계기로 ②, ③의 업무는 경영기획실로, ④의 업무는 내부통제추진실로 이관했다.

'아', '음'만 남발해서는 아무것도 알 수 없다

조사 보고서에는 경리부와 관련된 서술이 여러 번 나오는데, 모두 앞서 말한 경리부의 과도한 업무 때문이다(일부, 회계 지식 부족이라는 문제도 있었지만……).

한 가지 예로, 실지재고조사를 충실히 하지 않은 문제를 들 수 있다.

감사 절차 중에서도 매우 중요하다고 여기는 것이 실지재고조사에 입회하는 일이다. 그런데 후타바산업에서는 이 실지재고조사 자체는 실시했지만, 경리부에서 장부 잔액과 대조하지는 않았다. 이러면 실지재고조사를 했다고 말하기 힘들다.

또한, 현장에서 경리부로 불명확한 전표를 넘겨도 경리부에서는 그대로 방치했다고 한다. 이는 있을 수 없는 일이다! 전표가 이해 안 된다면 당연히 전표 작성자에게 물어봐야 한다.

이전에 어느 신문 칼럼에 이런 기사가 실려서 온 가족이 크게 웃은 적이 있다.

「요즘 사람들은 휴대전화, 트위터, 블로그로 자기표현을 할 수 있는데, 입으로는 단 한 마디도 나오지 않는다. 입에서 나와 봤자 "아." 뿐이다. 이 "아."는 침팬지어에서 유래했는데, 유인원은 윗사람에게는 '아.', 아랫사람에게는 '음.' 하고 맞장구를 친다고 한다.」

'아.' 밖에 할 줄 아는 말이 없는 요즘 사람들에게는 "이 전표, 무슨 뜻입니까?"라고 묻는 일이 최상급 난이도에 속하는 일이었나 보다.

스마트한 규칙 만들기

이번 회계부정의 주요 내용 중 하나는 본계정으로 대체할 때 실수를 범했다는 것이다. 경리부에서는 대량생산을 개시하는 시기에 현장으로부터 정보를 정기적으로 입수했지만, 대량생산 개시 시기가 변경되는 내용까지는 따라가지 못했다고 한다.

후타바산업은 이번 회계부정을 반성하는 의미로, 건설 가계정에서 본계정으로 대체할 때 정확히 체크하기로 했고, 재공품 재고에서 매출원가로 대체할 때도 새로이 체크하기로 결정했으며, 각 체크시트 작성 요령을 도입하기로 했다.

개선 보고서상에서는 주요 30개 규정을 정비했다고 확인할 수 있었다. 이는 분명히 훌륭한 일이지만, 과연 현장에서 제대로 운용할 수 있을까?

애써 정비한 규정에 정작 중요한 것이 빠진 듯한 느낌이다.

나라면 IT 통제를 효과적이고 스마트하게 사용할 것을 권하겠다.

우선 생산 시스템과 경리 시스템이 연동되도록 만들어야 한다. 그러고 나서 시스템상에 대량생산 개시 시기의 날짜 데이터를 필수 입력 항목으로 넣는다. 또한, 이 대량생산 개시 시기의 변경 사항을 정기적으로 갱신할 수 있도록 시스템상에서 수시로 경고한다.

예를 들어, 대량생산이 개시될 때까지 반년이 걸리는 사례를 상정해 보자. 처음에는 한 달마다 대량생산 개시 시기에 변경 사항이 없는지 확인하고, 변경 사항이 있다면 변경된 날짜를 입력하도록 화면상에서 경고하는 구조다. 대량생산 개시 시기가 가까워지면 변경 사항 확인 간격을 점점 좁힌다. 대량생산 개시 시기가 한 달 앞으로 다가오면 1주일 간격으로 화면상에서 확인을 촉구하도록 강제한다. 확인하지 않으면 아무런 입력도 할 수 없도록 필수 입력 항목으로 넣는다.

대량생산 개시 시기가 확정된 경우, 윗선의 승인을 시스템상에서 요구할 수 있도록 만든다면 본계정으로 대체되지 않고 누락되는 일은 일어나지 않게 되고, 현장과 경리가 똑같은 데이터로 대화할 수 있게 된다. 이로써 데이터가 서로 소통되고 정밀도도 높아져서 데이터 관리의 오류가 줄어든다.

이처럼 서면뿐만 아니라 IT도 제대로 활용해서 규칙을 정착시키는 것이 중요하다.

회계부정 박멸의 특효약

후타바산업에는 미안한 이야기이지만, 보고서를 읽어 본 나의 솔직한 감상은 후타바산업에 회계 해독력이 부족하다는 느낌이었다. 에피소드 첫머리에서 언급한 재공품과 건설 가계정의 수치 추이를 보면 무언가 이상하다고 생각하는 게 정상이다. 회계 해독력이란 결산서를 보는 능력이나 기초 지식을 말한다. 이후에 설명하게 될 자회사를 통한 부정 금융 사건에서도 수치를 보면 부정을 금방 알아차릴 수 있다. 이처럼 손쉽게 알아차려야 할 사항을 후타바산업은 알아차리지 못했다. 이것이 이번 회계부정의 배경에 있던 문제였다.

　이러한 점에 관해 개선 보고서에서는 '월차 결산, 연도 결산의 예산·실적 등을 충분히 비교·분석하지 않아 건설 가계정 등에서 계상 시기, 보유 기간의 상황을 파악·분석할 수 없었다.', '경리 담당 임원에 의한 수치와 분석 결과의 타당성 검증이 충분히 이루어지지 않았고 이사회에 대한 보고 체제가 정비되지 않았기 때문에, 문제점을 제대로 파악·검토하지 못했다.'라고 반성했다.

　후타바산업에서는 이를 받아들여 예산과 실적을 비교·분석하기, 전년도 대비 비교·분석과 월차 추이 비교·분석을 실시하기, BS(대차대조표)와 관련된 현저한 증감을 분석하기, 건설 가계정에 관해 계상시기와 보유 기간을 알 수 있는 잔액 상세를 작성하기 등 개선책을 추진하기로 했다.

　분명히 이런 분석을 실시하는 것도 중요하지만(일반적인 회사라면 이미 실시하고 있다.), 사실 회계부정을 방지하는 가장 근본적인 요인이 있다는 점을 잊어서는 안 된다. 그 요인은 바로 결산서를 비롯한 분석 자료를 읽고 해독하는 전 직원의 능력이다.

　이에 후타바산업은 '전 회사 차원에서 경리·재무의 중요성을 인식하는 의식 개혁을 추진하겠다.'라고 선언했다. 나아가서, '결산서 이해력이 승진하는 데 필수 조건'이라고까지 선언하면 더 좋을 것이다.

아이치 엑스포 붐이 걷히자 생각지도 못한 부정 융자가 나타나다

이로써 회계부정 사건이 종료되고 후타바산업의 경영진도 한숨 돌렸다고 생각할 즈음…….

지금까지 설명한 조사 과정에서(회사에서는 '제1차 과년도 결산 정정'이라고 부른다) 후타바산업의 경리 담당 집행임원들이 자회사인 비즈니스 디자인 연구소(이하, BDL사)에 이사회 결의 없이 부정 금융 지원을 한 사실이 포착되었다. 후타바산업은 급히 특별조사위원회를 발족시켜서 BDL사 사건의 전모를 해명하도록 지시했고, 이후에 통한의 두 번째 결산 정정을 해야 했다.

BDL사는 근거지인 아이치 현에서 열린 아이치 엑스포를 계기로 삼아 로봇 장치 제조사로서 실적을 늘리고 있었는데, 엑스포와 로봇 붐이 사라지자 금융기관의 태도가 한층 엄격해졌다.

BDL사의 사장은 임직원들에게 'BDL사의 실패는 용납할 수 없으니 나쁜 보고는 하지 마라.' 라고 암묵적으로 압박했다. 후타바산업의 당시 사장 K는 "이런 시기에 BDL사가 파산한다면 곤란하다."라고 말했다고 한다. 이런 사장의 언동과 임직원의 의식 때문에 'BDL사를 파산시켜서는 안 된다. 하지만 재무 상태가 심각하다……. BDL사의 자금 융통을 위해서는 부정 융자를 해 줄 수밖에 없다.' 라는 생각에 이르렀던 것 같다.

조사 보고서에 따르면, BDL사의 파산을 회피하려는 목적으로 이사회 결의 없이 부정 융자를 해 준 것은 2005년 8월 이후부터 이 사건이 발각될 때까지 지속되었고, 액수만도 약 30억 엔에 달했다. 그중 약 17억 엔이 실질적으로 회수 불능이 되었다.

사실 이 회수 불능 채권의 일부는 '제1차 과년도 결산 정정' 시점에 건설 가계정(금형)으로 계상되었다. 조사 담당자가 사정을 확인하자 당시 정보환경 사업 담당 전무, 경리 담당 집행임원으로부터 "이것은 개발 중인 자동차 엔진에 관한 기본 특허의 개발비입니다."라고 지급의뢰서와 함께 설명했다.

이런 설명을 진실로 받아들여서 '제1차 과년도 결산 정정'에서는 시험연구비에 대한 항목을 지급했지만, 실제로는 BDL사에 대한 부정 융자임이 판명되었다. 후타바산업의 입장에서는 통한의 정정 보고였다.

이 점에 관해서 조사 보고서에서는 '왜곡된 충성심이 그 뿌리에 있는 듯하다.'라고 지적했다.

이번 부정 융자는 건설 가계정, 선급금, 가불금의 계정 항목이 악용되었다. 특히, 부정 융자나 횡령 등 부정 지출을 수반하는 경우, 이런 허술한 계정이 악용되는 사례가 있다. 외상매출금과 달리 관리자의 눈길이 닿지 않는 계정 항목을 사용하는 것도 부정을 일으키는 전형적인 수법이다(사건 후 후타바산업은 BDL사 주식을 모두 매각해서 자본 관계를 완전히 끊었다).

이건 순환거래잖아!

BDL사에 대한 조사 과정에서 새로운 사실이 발각되었다. 바로 순

그림 7. 순환거래의 흐름도(후타바산업)

(단위 : 백만 엔)

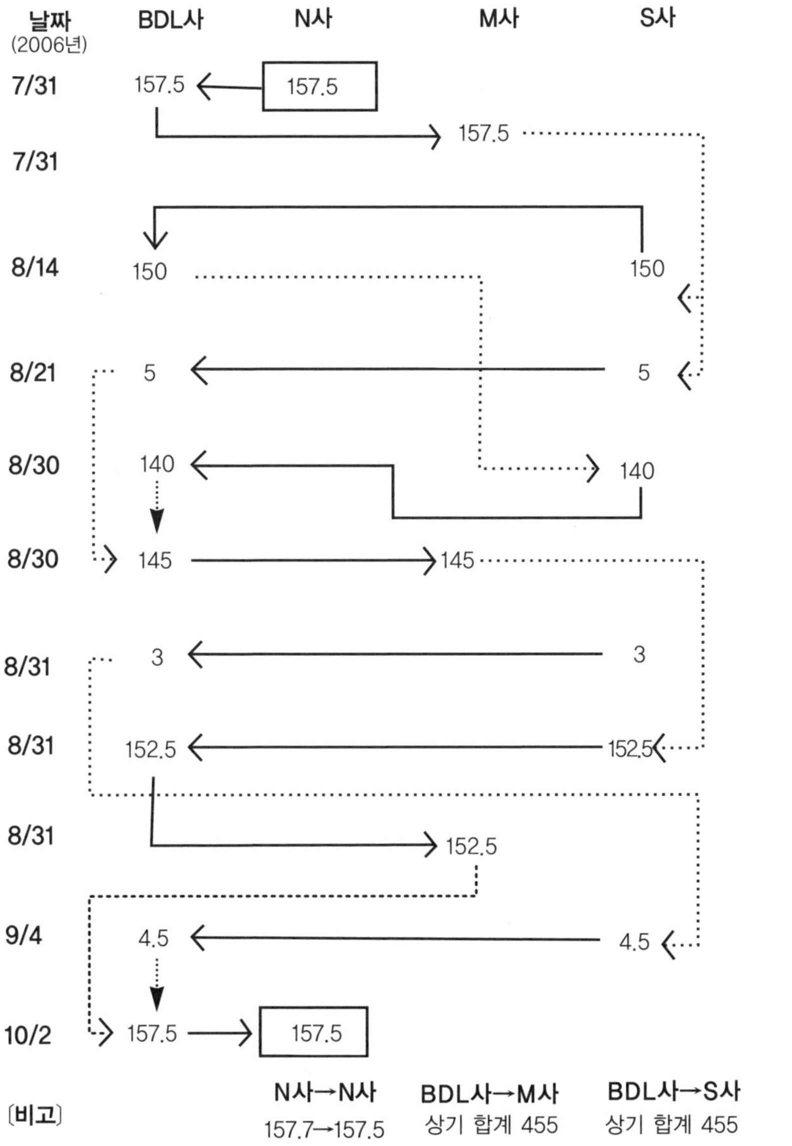

날짜(2006년)	BDL사	N사	M사	S사
7/31	157.5 ←	157.5		
7/31			157.5	
8/14		150		150
8/21	5 ←			5
8/30	140			140
8/30	145		145	
8/31	3			3
8/31	152.5			152.5
8/31			152.5	
9/4	4.5			4.5
10/2	157.5 →	157.5		

[비고]

N사→N사
157.7→157.5

BDL사→M사
상기 합계 455

BDL사→S사
상기 합계 455

환거래다. 다만, 조사위원회는 순환거래라고 곧바로 단정할 수는 없었다. 그러나 다음 같은 사실이 드러나면서 조사위원회가 지적한 대로 순환거래의 가능성이 매우 높아졌다.

우선, BDL사는 한 달 사이에 S사에 대해 현금을 포함한 총 5억 엔 정도의 매출을 계상했다. S사는 건강식품 통신판매를 하고 레스토랑을 경영하는 중소기업에 불과했다. 현금을 포함한 5억 엔이나 되는 큰 거래를 시스템상 투자하고 성립시키는 일 자체가 의문이었다(조사위원회도 신빙성이 없다고 지적했다).

또한, 그림 7에서 알 수 있듯이 매우 단기간에 거의 동일한 금액의 입출금이 빈번히 이루어졌기 때문에, BDL사에서 순환거래가 일어났다고 봐도 틀림없었다(그림 7의 점선 부분에는 필자의 추측이 들어가 있다). 그리고 이후에 이는 사실과 부합한다는 점이 밝혀졌다.

회계 해독력이 전혀 안 보이는 사업 계획

이번 부정 융자에 관해 개선 보고서에서는 다음과 같이 서술했다.
① 컴플라이언스 의식이 낮고, 이를 조장하는 사내 풍토가 있었다.
② BDL사에 신용 공여를 하기 위한 채무 보증 계약 체결과 BDL사에 대한 자금 송금이 경리 담당 상무와 자회사 사장의 재량에 맡겨져 있었다.
③ 비경상적인 지불처에 대한 적절한 증빙(청구서, 계약서 등)을 확인하지 않았다.

④ 출금 시 통제 행위가 부적절했다(예컨대, 회사 직인이 은행 직인을 겸하는 것).

이런 점들이 통한의 '제2차 과년도 결산 정정' 의 직접적인 원인이 되었다.

한편, 『책임추궁위원회 답신에 관해』에서는 다음 같은 지적도 있었다.

2007년 10월에 후타바산업은 감사 법인으로부터 "B은행의 잔액 확인서를 보니 BDL사에 대한 보증채무가 있다고 기재되어 있는데, 이게 뭔가요? BDL사에 대한 금융 지원을 해소하지 않으면 BDL사를 후타바산업의 연결자회사로 삼아야 합니다!" 라고 통고받았다.

'BDL사가 연결자회사가 되면 우리가 한 짓을 들키고 만다…….' 라고 생각한 부정 융자 관여자들은 BDL사가 얼마나 건전한 회사인지 위장하는 작전에 나섰다.

그들은 2007년 12월 25일 크리스마스에 열린 이사회에서 BDL사에 대한 모든 보증채무가 해소될 것이라고 보고하면서 '주식회사 비즈니스 디자인 연구소의 사업 계획에 관해(안)' 라는 제목의 서면을 제출했다. 그러나 이 사업 계획은 매우 어설펐다.

난데없이 19억 엔이나 되는 거액의 차입금이 나타나더니, 후타바산업의 보증이 해소될 것이라고 했다. 게다가 이 19억 엔의 차입금을 변제하기 위해 누가 인수자인지도 모를 18억 엔의 제삼자 할당증자를 하겠다고 했다. 책임추궁위원회도 '의심을 품을 수밖에 없다' 고

밝힌, 몹시 의문스러운 사업 계획이었다. 회계 해독력이 있었다면 "어떻게 보증이 해소된다는 얘기인지 제대로 설명해 주십시오!"라고 캐물었을 것이다.

사업 계획에서 밝힌 실적도 의문투성이였다. 2006년 4월~2007년 3월기에는 매출액 약 5억 엔이고, 순손실 약 7억 엔이었다. 반면에, 특별한 이유 없이 다음 회계연도의 예상 매출은 약 12억 엔이고, 그다음 회계연도의 예상 매출은 약 20억 엔이라고 사업 계획서에 당당히 기재되었다.

책임추궁위원회도 '이사회의 대응은 너무나 무책임하다.'라고 지적했다.

경영관리자는 자사의 비즈니스 모델을 이해하고 경영에 임해야 한다. 비즈니스 모델을 이해하는 데 수치는 필수라서 모른척 지나칠 수 없다. **경영관리자들은 비즈니스 커뮤니케이션 도구인 수치와 회계 지식을 정확히 숙지해야 한다.**

후타바산업의 모든 임직원들은 이번 회계부정 사건을 계기로, 악행의 재료를 하나하나 납작하게 눌러 주기 바란다. 프레스 제조사인 만큼 분명히 손쉽게 눌러 버릴 수 있을 것이다.

[회사를 강하게 만드는 처방전. '커뮤니케이션']

① 현장과 관리 부문의 커뮤니케이션이 원활해야 한다.
② 회계 규칙을 선정할 때에는 신중하면서도 대담해질 필요가 있다.
③ 경영관리자의 중요한 역할 중 하나는 적재적소에 인재를 배치하는 일이다.
④ 규칙을 만들고 운용할 때에는 IT 통제를 효과적이고 스마트하게 사용해야 한다.
⑤ 회계 해독력 향상이 회계부정 박멸의 특효약이다. 비즈니스상의 커뮤니케이션 도구인 회계 지식을 경영관리자들은 정확히 숙지해야 한다.

Episode

비핵심 사업부의 존폐를 건 회계부정 '메르시앙'

분열이 부정 발각의 계기가 되다

"부장님, D양식에 대한 10억 엔의 외상매출금 말인데요, 2010년 4월 30일이 회수 기한인데 결국 입금되지 않았습니다……. 어떻게 할까요?"

"벌써 5월 10일인데, 어쩌나? 한번 D양식을 찾아가 볼까?"

똑똑…….

"안녕하세요. 메르시앙에서 왔습니다."

"아, 메르시앙요? 어서 오세요. 먼 길 오시느라 고생하셨습니다."

"d씨, 저희 회사에 대한 지불 건에 대해 여쭤 보고 싶은데요……."

"귀사에 대한 10억 엔의 지불 건 말인가요……? 그건 귀사의 조작입니다. 그러므로 저희는 지불해 드릴 수가 없습니다……."

아닌 밤중에 홍두깨 같은 이야기였다. 이와 같은 83억 엔의 손실을 입힌 회계부정이 발각된 곳은 일본 와인업계의 메이저 회사인 메르시앙(전 도쿄증권거래소 1부, 전 오사카증권거래소 1부. 사건 후에 기린홀딩스의 완전자회사가 됨.)이었다.

회계부정의 무대가 된 메르시앙의 수산사료사업부는 D양식과 15년 동안 거래했고, 이번 회계부정에 깊이 관여했다.

D양식의 d씨로부터 생각지도 못한 말을 들은 메르시앙은 2010년 5월 11일에 급히 리스크관리위원회를 열고, 5월 14일에 사장을 본부장으로 하는 대책본부를 설립했다. 여러 가지 억측이 교차하는 가운데, 부정 관여가 의심되는 인물을 조사했다. 조사 대상으로는 B도매에 파견 중인 '갑'('병'의 전임 수산사료사업부장), 사료제조부장인 '을', 경영전략부 기획그룹에 이동 배치된 전 수산사료사업부장인 '병', 수산영업부장인 '정' 등 사내 관여자들 외에, 메르시앙이 사료제조를 위탁하는 A제조의 공장장인 a(전 메르시앙 공장장)도 있었다.

그 결과, 수산영업부장 정과 A제조의 공장장 a는 회계부정에 관여했음을 인정했다. 그러나 관여자 중에 가장 실력 있는 전 수산사료사업부장 갑, 사료제조부장 을, 전 수산사료사업부장 병은 "나는 회계부정에 관여하지 않았다!"라며 전면 부인했다.

메르시앙은 정과 a, 두 사람이 회계부정을 인정했다는 점을 중시해서 5월 21일에 사외 위원을 포함한 사내조사위원회를 설치했다. 조사 과정에서 '장부재고와 실재고가 왜 이렇게 크게 차이 나는가!' 하는 의문이 불거져서, 5월 26일에 회계부정의 가능성이 높다고 공표하고 상세한 회계부정 수법과 영향을 분석하기 시작했다.

이번 에피소드에서는 메르시앙이 공표한 『당사 수산사료사업부의 부적절한 거래에 관한 사내조사 보고 및 제삼자위원회의 중간보고에 관해』, 『당사 수산사료사업부의 부적절한 거래에 관한 제삼자위원회의 최종 보고에 관해』를 인용하며 설명하겠다.

비핵심 사업의 위치

와인 회사에 수산사료사업부가 있다는 사실이 일단 놀라웠다. 수산사료사업부는 1975년에 메르시앙의 8대 공장에서 알코올 제조 과정 중에 발생하는 찌꺼기를 재활용해서 생선 양식용 사료로 생산하기 시작한 친환경 사업을 바탕으로 탄생했다.

사내조사 보고에 따르면, 2006년 말에 메르시앙이 기린맥주(현 기린홀딩스) 산하에 들어갔을 때 전 수산사료사업부장인 갑은 '핵심 사업이 아닌 수산사료사업부가 폐지될까 봐' 상당한 위기감을 느꼈다고 지적했다. 이 위기감에는 사업 폐지로 인해 지금까지 저지른 회계부정이 발각되는 것을 두려워했다는 의미 외에 개인적인 실적과 업적이 한순간에 사라진다는 의식도 있었던 듯하다.

실제로, 전 사업부장 갑은 기린맥주 산하에 들어간 직후인 2007년 초부터 파견처인 B도매와 메르시앙의 수산사료사업부를 통합하겠다는 의견을 진지하게 내놓았다. 이런 사실을 보더라도 '수산사료사업부=비핵심사업'이라는 처지가 회계부정의 동기 중 하나였다고 생각할 수 있다.

업계 특유의 시스템이 회계부정으로 들어가는 입구

어느 업계든 마찬가지겠지만, 동일 업계의 연대는 매우 강력하다.

D양식과 15년 동안 거래한 메르시앙에서는 최근 10년 동안 영업부장 정이 D양식과의 영업을 담당했고, D양식의 d씨와 상당히 강력한 동료 의식을 지녔던 듯하다.

"d씨, 번번이 죄송합니다. 이번에도 사료를 조금 높은 가격에 구입해 주시겠습니까? 메르시앙의 영업에 협력해 주시길 바랍니다. 나중에 샘플을 출하해 드리겠으니……."

어떨 때에는 이렇게도 이야기했다.

"d씨, 언제나 감사드립니다. 그런데 아무래도 E양식이 불황 때문에 힘든 모양입니다……. 매우 죄송한 말씀입니다만, D양식에서 E양식의 외상매출금을 메르시앙에 대신 지불해 주시겠습니까? 나중에 샘플을 출하해 드리겠으니……."

이런 식의 대화를 자주 했을 것이다.

대형 거래처이자 10년 동안 거래한 메르시앙의 영업부장 정이 부탁해 오면, D양식의 d씨도 그냥 무시할 수 없었다.

"어쩔 수 없군요. 딱 이번만입니다. 대신 샘플 출하는 잘 부탁드립니다!"

그렇게밖에 응답할 수 없는 상황은 충분히 상상할 수 있다.

이런 **수산사료업계 특유의 시스템**인 복잡한 '대차(貸借) 관계'로 인해 메르시앙이 D양식에 대한 빚을 갚지 않았고, 이로써 신뢰 관계가 무너졌다. 배반 행위에 화가 난 D양식이 외상매출금의 지불을 거절하고 회계부정을 폭로하는 보복에 나서서, 이번 회계부정이 세상에 알려졌다.

신뢰 관계가 강했던 만큼 그 보복은 극심했다.

'대차 관계'의 일종인 '샘플 출하'란 제조 상품인 사료를 샘플로 대량 출하하는 것으로, 실질적인 할인을 뜻한다. '샘플 출하'의 일부는 부외 처리되어 비용으로 계상되지 않았음이 사내조사에서 드러났다. 이 '샘플 출하'라는 부정을 조사하게 된 계기는 "적절하게 경리 처리하지 않은 거래가 있습니다······."라는 관계자의 진술이었다. '샘플 출하'라는 부정을 조사할 때에는 이번 사건과 관련된 B도매(주모자인 전 사업부장 갑의 파견처이자, 메르시앙이 사료를 파는 대형 판매처)에 대한 매출 기록과 출하 기록을 비교해서, B도매에 대한 미기장 사료 샘플 출하를 특정했다.

'선행 매출', '가공 매출', '선매', '역마진 보전'

메르시앙의 조사 보고서에 따르면, 이번 사건의 주모자이자 수산사료사업부의 실력자인 전 사업부장 갑의 영향력이 상당했다고 추측할 수 있다(하지만 본인은 회계부정에 관여하지 않았다고 부인함).

전 사업부장 갑의 입김이 작용한 대형 거래처 B도매에 대해서는 앞서 설명한 '샘플 출하' 외에도 '선행 매출', '가공 매출', '선매', '역마진 보전' 등을 했다.

'선행 매출'이란 모든 매출을 앞당겨 처리하는 것이다.

전 사업부장 갑은 2006년도 매출 목표를 달성하기 위해 다음 연도에 계상해야 할 합계 1970톤, 약 2억 3000만 엔의 사료를 미출하 시점에서 판매한 것처럼 꾸몄다. 조사 보고서에 따르면, 매출 계상의 요건인 출하 시 트럭 운전사의 사인을 위조해서 매출 계상의 근거 자료를 갖췄다(각 기록을 대조해 봐도 모순이 없었다).

그 후, 실제 사료 현물을 B도매에 이송한 2007년 1~6월에, 제품 이동 사실을 악용해서 E양식에 판매한 것처럼 '가공 매출'을 꾸몄다. 이 가공 매출을 은폐하기 위해 운송업자에게 운임을 지불한 사실(=이송 사실)이 있었다고 위장 공작까지 펼쳤다.

또한 '대차 관계'를 청산하기 위해 D양식으로부터 사료 대금을 회수하려는 목적으로 B도매에 '선매' 요청도 했다. '선매'란 어류 유통 산업 특유의 시스템으로, 매입자(B도매)가 치어를 성장 후의 판매 가격으로 사들이는 계약을 체결한 후 성어 출하 전에 일괄적으로 대금을 지불하고 치어의 소유권을 얻는 거래다. 이때 매도자(D양식)는 매입자의 지시에 따라 양식어가 어느 정도 성장한 시점에서 성어를 출하한다.

메르시앙은 B도매와 D양식 사이에 끼어 가끔 선매를 요청했던 것 같다. 살아 있는 생물을 대상으로 하기 때문에 치어가 성장할 때까지 여러 가지 이유로 증감(특히 병으로 인한 감소)하게 된다. 그럴 때마다 메르시앙은 '양식어의 수가 많으니 적으니' 하며 다투는 B도매와 D양식 사이에 끼어 B도매가 소유하는 양식어를 재차 구입하거나, D양식에 결손분을 채워 주기 위해 사료를 샘플 출하해 주기도 했다.

그리고 '양식어는 항생물질을 사용해서 건강에 나쁘다'는 이미지와 시장의 악화 탓에 업자 간 거래 가격보다 시장 가격이 낮아져서 손실이 발생하는데, 메르시앙은 이 손실을 보전해 달라는 강력한 요청을 받았다. 그래서 전 사업부장인 갑의 입김이 작용한 B도매에 연 1억~2억 엔 정도 사료를 할인해 주는 '역마진 보전'을 해야 했다. 이런 할인 사실은 기장되므로 장부를 보면 '왜 이렇게 많이 할인해 줬을까?' 하고 의문을 품을 수도 있었지만, 아쉽게도 메르시앙에서는 회계부정이 발각될 때까지 이 사실을 파악하지 못했던 듯하다.

전 사업부장 갑은 다양한 수법으로 B도매와 '대차 관계'를 지속했다. 다만, B도매에 파견된 후로는 "메르시앙과 B도매를 앞으로 통합시킬 것이므로(이는 전 사업부장 갑이 혼자서만 생각한 방안이다.) 양 회사가 합산해서 이익이 나면 되지 않겠습니까?"라는 매우 무책임한 핑계로 메르시앙에 할인과 샘플 출하 등을 여러 번 요청했다.

양식업 진입의 속사정

생물을 관리하는 일은 무척 어렵다고 들었다. 미야자키 현에서 피해를 입힌 구제역이나 조류 인플루엔자 등을 예방하는 생체 관리도 큰일이지만, 재무·회계적으로는 재고관리에도 어려움이 따른다.

이전에 나는 우사의 실지재고조사에 입회(소가 몇 마리 있는지 세어 보는 감사 절차)해 본 적이 있다. 손에 빨간 펜을 들고 여기저기 돌아다니는 소들을 쫓으며 한 마리씩 세는 일은 무척이나 고생스러웠다.

메르시앙의 수산사료사업부는 양식어용 사료를 제조하고 판매하는 일이 주 업무다. 양식어가 사료를 얼마나 잘 먹는지, 비육해서 얼마나 성장하는지를 살펴보기 위해 시험적으로 양식해 보는 일은 있어도, 처음부터 양식어를 판매하기 위해 사육하는 일은 없었다. 따라서 양식어가 어느 정도 존재하고 금액으로는 어느 정도 되는지에는 별로 관심을 기울이지 않았을 것이다.

과거 IR 자료를 검색해 보면, 2003년 1월~2003년 12월기의 결산서에서 '생선 양식'이라는 문구가 처음으로 등장한다. 그 결산서에서 '수산 부문에서는 태풍·적조 피해가 발생했다.'라는 표현을 발견했다. 그 이전에는 이런 문구가 발견되지 않은 것으로 추측해 보면 2003년 여름에서 가을에 걸쳐 발생한 태풍·적조로 인해 생선이 대량으로 감소했고 적어도 회사의 손익에 영향을 끼침으로써(이 점을 공시한 사실은 없는 듯하다.), 시험적으로 '생선 양식'을 시행한다는 사실을 회사에서도 파악하고 사업의 일부로서 '생선 양식'을 인식했다고 할 수 있다.

다만, 이 시점에서는 '생선 양식' 자체는 사료의 제조·판매를 위해 발생하는 부수 업무일 뿐, 메르시앙에 커다란 의미도 없었고 노하우도 없었다는 인상을 받았다.

한편, 2006년 10월에 메르시앙이 판매한 사료에서 사용 금지 성분이 검출되어 사료를 섭취한 양식어를 전량 사들여야 하는 사태가 발생했다. 이로써 금지 성분 기준치를 초과한 양식어는 전량 처분했고, 그 외의 양식어는 사용 금지 성분이 검출되지 않은 것으로 증명되어 판매가 가능해질 때까지 그 관리를 D양식과 E양식에 위탁하는 조치를 취했다. 이렇게 양식어 전량을 사들인 메르시앙은 본격적인 생물 관리의 필요성을 느꼈다고 할 수 있다.

그때까지 사료의 재고관리만 하던 메르시앙이 대량의 양식어를 관리할 수 있는 노하우나 물리적인 활어조 등도 확보하지 못한 상황에서 D양식과 E양식에 관리를 위탁했다는 사실을 생각한다면 생물의 재고관리가 어려웠을 것이라고 충분히 이해할 수 있다.

운이 없게도, 2007년 7월에는 양식을 위탁받은 E양식이 태풍 피해를 당해서 양식어가 전멸했다. 이에 메르시앙은 위탁에 의한 재고 리스크를 없애기 위해 D양식의 양식어를 D양식에 약 5억 엔에 판매하기로 방침을 변경했다.

그러나 생물의 재고관리 노하우가 없었던 메르시앙으로서는 이 일로 인해 D양식의 분노를 사고 보복 조치를 당할 것이라고는 생각조차 하지 못했다.

생물 관리의 어려움

일반적으로 제품은 형태가 있으므로 셀 수 있다. 그러나 생물은 그렇지 않다.

생물은 움직이고, 병들고, 도망치기도 한다. '**수치를 확정하기 어렵다**'는 단점이 있으므로 이를 극복하는 노하우가 필요하다. 이 사건의 대상물인 방어와 도미의 경우 생존율은 70~80%라는 데이터가 있다. 즉, 어느 정도 양식어가 생존해 있는지 항상 재고를 파악해 둘 필요가 있는 것이다.

또한, '**도량형의 차이**'도 생물 재고관리에 어려움을 더한다. 이리저리 움직이는 대량의 양식어를 대상으로 해서는 kg 같은 중량으로 개수를 어림하는데, 때로는 개체 수로 환산하는 경우도 있다. 그러면 중량과 개체 수라는 도량형의 차이가 발생한다.

이런 사태를 메르시앙이 어느 정도 파악했는지 조사 보고서만으로는 알 수 없지만, 생물 관리를 제대로 했다면 D양식으로부터 "개체 수가 부족합니다.", "5억 엔이라는 장부 가격에 비해 2억 엔 정도의 가치밖에 없습니다."라는 말을 듣거나, B도매로부터 "6000만 엔분의 방어가 부족합니다!"라는 말을 듣지 않았을 것이다.

손익만 생각하는 회사는 제품 관리와 대차대조표 관리에 소홀해지기 쉽다는 사실을 보여 주는 전형적인 예라고 할 수 있다.

변칙적인 회수 기한

메르시앙의 수산사료사업부에서 벌어진 회계부정 중 가장 큰 손해를 끼친 수법은 앞선 사례에서도 소개한 순환거래였다. 처음에는 거래액이 적었지만, 이익분이 많아질수록 거래액도 증가했다. 막대한 거래를 멈추는 순간, 거액의 손해가 발생하는 것이 순환거래의 무서운 점이다.

메르시앙의 경우, 오랫동안 거래한 D양식과 E양식에 대해 여러 가지 '대차 관계'에 의한 순환거래가 가공 매출과 가공 제조를 날조하는 방식으로 이루어졌다. 그중에서도 특히 커다란 '대차 관계'는 사용 금지 성분이 검출된 양식어의 위탁 관리였다.

E양식에 위탁한 양식어가 태풍으로 전멸하자 E양식은 파산 직전까지 몰리는 큰 타격을 입어서 메르시앙에 대금을 지급해 주기 어려워졌다. 당시 메르시앙에서는 2007년 12월에 E양식에 사료를 직접 판매하지 않겠다고 결정해서, 수산사료사업부에서는 과거 E양식에 대한 '대차 관계'를 어떻게 청산할지 고민에 빠졌다.

메르시앙이 E양식을 비롯한 양식업자에게 사료를 직접 판매하지 않겠다고 결정한 이유에는 '변칙적인 회수 기한'이 관련되어 있는 듯하다. 외상매출금을 회수하는 시기는 보통 판매 후 1~2개월 지났을 때인데, 메르시앙이 양식업자에게서 외상매출금을 회수하는 기한은 양식어의 판매 시점에 맞춘 '변칙적인 기한'이었다. 7~10월분 사료 대금 지불 기한은 다음 해 4월, 11~2월분 사료 대금 지불 기한은 5월, 3~6월분 사료 대금 지불 기한은 6월로 하는 등 변칙적으로 회수했다.

이처럼 '보통의 판매와 방법이 다른 회수 기한은 리스크가 있다'는 상층부의 견해도 있어서, 양식업자와의 직접 거래가 서서히 금지되었다.

업자를 둘러싼 엄청난 순환거래

'개체 수가 부족하다.', '가격에 비해 가치가 없다.' 라는 D양식의 불만도 메르시앙에 외상매출금 지급을 거절한 이유 중 하나였다.

"개체 수나 가치가 어떻든 간에 D양식에 빚은 있지……."

"하지만 우리도 D양식에서 외상매출금을 회수해야 합니다……."

"사용 금지 성분의 영향 때문인지 수산사료사업부의 실적도 엉망이고요……."

"E양식과 D양식의 외상매출금이 이대로 회수 불능이 되면 우리 목이 달아나게 생겼어……."

"그러니 무슨 수를 써서라도 외상매출금을 회수해야 합니다……. 그런데 어떻게 할까요?"

수산사료사업부의 직원들은 고민 끝에 어떤 결론에 이르렀다.

그것이 전 수산사료사업부장인 갑이 생각해 낸 순환거래였다.

순환거래의 발단은 D양식이 '개체 수가 부족하다' 는 등의 불만을 터뜨리며 외상매출금 지급을 거절한 데 있었다(①). 그래서 D양식과

E양식에 대한 외상매출금을 회수하기 위해 고안한 방안이 수산사료 사업부가 D양식과 E양식에 어떻게든 자금을 융통하는 방안이었다. 수산사료사업부에서는 '앞으로 D양식과 E양식이나 그 외의 다른 거래처가 이익을 올렸을 때 자기 회사의 장부상 가공 사료 재고를 구입하도록 만든다면 이 순환거래를 해소할 수 있다'고 생각한 듯하다(여기에 '부정의 트라이앵글' 중 하나인 '자세·정당화'가 있었다).

그림 8. 순환거래의 흐름도(메르시앙)

```
                    ⑨ 가공의 사료 판매
         ┌──────────────────────────────┐
         │    ⑧ 생선·사료 대금           │
    ┌────────┐ ←·····················  ┌────────┐
    │  당사  │                          │        │
    │(메르시앙)│   ① 생선·사료의 외상매출금 │ D 양식 │
    └────────┘ ──────────────────────→ └────────┘
       │  ↑    ② 가공의                    │
       │  │    생선 판매                   │
    ⑪ │④ ⑤         ┌────────┐      ⑦ 생선 │ ⑩ 가공의
    가공│가 사         │        │       대금  │ 생선 판매
    의 │공 료         │ I 상사 │             │
    사 │의 대         └────────┘             │
    료 │사 금    ③가공의 생선                 │
    제 │료      가루 판매                     │
    조 │제                                   │
    ·판│조                                   │
    매 │·판    ⑥ 생선가루                    │
       │매      대금                         │
    ┌────────┐ ←─────────────────────── ────┘
    │ A 제조 │
    └────────┘
```

(출처 : 메르시앙 주식회사 사내조사위원회, 『사내조사 보고서』)

그러면 ①에서 발생한 외상매출금을 어떻게든 회수하기 위해 수산사료사업부가 고안해서 실행한 순환거래 수법이 무엇인지 설명하겠다. 우선 ② D양식이 양식어를 I상사에 판매했다고 위조한다. 그러고 나서 ③ I상사가 A제조에 생선가루를 판매했다고 위조한다. ④ 사료의 제조 위탁처인 A제조가 이 가공의 생선가루를 원자재로 삼아 사료를 제조했다고 위조한다. 실제 제조되지 않은 가공의 사료를 메르시앙이 구입했다고 위조한다. 이것이 이번 회계부정 사건의 가공거래 수법이었다.

한편, 이처럼 '①→②→③→④' 라는 가공 거래의 흐름과 정반대로 '⑤→⑥→⑦→⑧' 이라는 자금 흐름을 만들었다.

⑤ 메르시앙이 A제조에 사료 대금을 지불하고, ⑥ A제조가 I상사에 생선가루 대금을 지불하고, ⑦ I상사가 D양식에 양식어 대금을 지불하고, 마지막으로 ⑧ D양식이 메르시앙 수산사료사업부에 외상매출금을 지불한다.

이제야 겨우 고개를 끄덕일 독자들이 많을 줄로 안다. 수산사료사업부는 이처럼 야심 찬 비책을 세웠던 것이다!

도깨비 재고로 한몫 잡다

④에서 실재하지 않아 '도깨비 재고'로 불린 가공 사료를 구입한 메르시앙은 이 가공 재고를 사용해서 한몫 잡아야겠다고 생각했다.

수산사료사업부는 ①의 외상매출금을 회수한 후, ④의 가공 재고를 D양식에 판매한 것처럼 위조했다(⑨). 이때 메르시앙에 상당한 이익이 생기는 가격으로 D양식에 판매했다. 이는 전 수산사료사업부장인 갑이 자신의 지위를 유지하기 위해서도 필요했지만, D양식보다 B도매를 중시했다는 점과도 큰 관련이 있던 것 같다.

"수산사료사업부의 이익이 부족하면 B도매와 통합할 수 없어!"

절대적인 영향력을 지닌 전 수산사료사업부장 갑이 거친 말투로 압박하자 겁을 먹은 수산영업부장 정은 'D양식에 가공 사료를 보통 이상의 가격으로 판매하고, 갑 부장의 의향대로 이익을 낼 수밖에 없다.'라고 생각하고 그대로 실행했는데, 이것이 나중에 D양식의 분노를 사게 되었다.

이렇게 가공 사료 판매로 가공 외상매출금을 회수하기 위해 ⑩ D양식이 양식어를 A제조에 판매했다고 위조하고, ⑪ A제조가 사료를 제조하지 않았음에도 제조했다고 위조했다. 그리고 그 사료를 메르시앙이 구입했다고 또 위조하는 가공 거래로 자금을 D양식에 융통하고 가공 외상매출금을 회수했다.

D양식의 외상매출금을 회수하기 위한 이러한 순환거래 방안과 똑같은 순환거래가 E양식의 외상매출금을 회수할 때도 활용되었다.

그러나 앞서 설명한 대로 메르시앙에서는 외상매출금 보전을 위해 양식업자에 대한 직접 판매가 금지되었고, 이로써 수산사료사업부는 순환거래를 통한 장부상 잔액이 있다고 적힌 가공 재고 누적분을 급히 해소해야만 했다. 그래서 새로이 C도매(E양식과 장부를 맞추는 회사)와 F운송(f사장은 전 수산사료사업부장 갑의 직장 동료)에 대한 가공 거래를 조성했다.

재고를 위장한 뒤처리

"요즘 A제조의 A창고 재고가 확대하는 경향이 있는데, 이번에 실지재고조사를 해 주겠나?"

메르시앙은 2008년 8월과 2009년 9월 A창고의 실지재고조사를 했다.

이에 당황한 사람은 수산사료사업부의 직원들이었다.

"이대로라면 대량의 가공 사료 재고가 들키고 말 텐데……."

"우선 평소대로 D양식에 판매했다고 꾸미고 장부 잔액을 없애자."

"아니면 다른 창고로 이관하거나……."

"차라리 콩깻묵이나 쌀겨로 위장 재고를 만듭시다. 일반인이 쌀겨랑 생선 사료를 구분이나 할 수 있겠습니까?"

내가 회계업에 갓 몸담았을 때 당시 선배로부터 배워서 지금도 소중히 여기고 있는 가르침이 있다. 그것은 바로 **'반드시 현장을 보아라.'** 이다. 현장을 보면 어떤 물건이, 어느 장소에, 어떻게, 어느 정도, 어떤 상태로 보관되어 있는지 알 수 있기 때문이다. 창고에 처음 가 보는 사람이라면 아마 알아차리지 못하겠지만, 자주 현장을 둘러보는 사람이라면(이를 위해 내부감사 인력이 존재한다.) 콩깻묵이나 쌀겨 재고와, 원래 있어야 할 사료 재고를 혼동하는 일은 없을 것이다…….

이 점에 관해 제삼자위원회 보고서에 흥미로운 서술이 있다.

2009년 8월 말 이전에 당시 H감사부장과 I상근감사는 순환거래, A제조로부터의 가공 매입, 가공 재고의 가능성을 의심하기 시작해서, 9월 1일 A공장의 실지재고조사에 입회했고, 자신들의 눈으로 현장을 둘러봤다. 그때 A제조의 공장장이었던 a와 다음 같은 대화를 나누었다.

"a공장장님, 잠깐 여쭤 볼 게 있습니다. 수불표를 보면 이 4300톤이나 되는 원료 곡물 재고가 A공장(돗토리 현 구라요시 시)에서 S공장(돗토리 현 사카이미나토 시)으로 이관되었다고 나와 있는데요, 어떻게 옮기셨습니까?"

"저희 회사의 10톤 트럭을 이용해서 여기에서 S창고로 운반했는데요……. 무슨 문제라도 있나요? I감사님, 그리고 이 곡물은 7월 말까지 S창고에 있었지만, 8월 중에 전부 가고시마 현의 D창고로 보냈습니다."

공장장 a의 발언에 새로운 의문이 들기 시작했다.

"이상하네요. A공장에서 65킬로미터나 떨어진 S창고까지 4300톤이나 되는 곡물을 옮겼다고요? 10톤 트럭이 한 대밖에 없는데요? a공장장님의 설명을 I감사님은 어떻게 생각하십니까?"

"글쎄, H감사부장의 말대로 a공장장의 말에는 이상한 점이 있어. 이것 봐. 이건 수산사료사업부의 제조부에서 입수한 제조 계획인

데……. S창고에 보관된 곡물을 원료로 제품을 제조한다는 설명이 없어."

"정말이로군요. 진짜 이상하네요. I감사님, 지금 당장 S창고로 가 볼까요?"

불시 감사

H감사부장과 I상근감사는 A공장을 뒤로하고 S창고로 향했다.

"I감사님, 뭔가 미심쩍어요……. 얼마 전까지 대량의 곡물이 있었다고 하기에는 냄새가 없었어요. 그 곡물 특유의 냄새가……." (현장에는 반드시 흔적이 남는다.)

"그러네……. 4300톤이나 되는 곡물이 있었다면 당연히 냄새가 남아 있었을 텐데. 역시 '도깨비 재고'인 건가?"

"I감사님, 그렇다면 혹시 순환거래, 가공 매입, 가공 재고가……. 생각하고 싶지도 않지만요……."

"글쎄……. 뭐, 결론을 내리기에는 아직 일러. H감사부장, 주말에라도 가고시마의 D창고에 가서 살펴볼까? a공장장이 S창고에서 곡물을 보냈다고 한 그 D창고에."

I상근감사와 H감사부장은 9월 8일부터 9일간 사전 예고 없이 불시에 가고시마 현 다루미즈 시에 있는 D창고에 가기로 했다. 일단, 구마모토 현 야쓰시로 시에 있는 사건의 본거지 메르시앙 수산사료사업부를 방문해서 영업부장 정을 찾았다. 마침 정이 출장 중이어서 전

화로 연락했다.

　때르릉……. 때르릉…….

　"여보세요. 아, 본사의 I감사님과 H감사부장님 아니십니까?"

　"수산사료사업부의 재고가 D창고에 있다고 들었는데요, 잠깐 보여 주실 수 있으십니까?"

　"아, 알겠습니다……. 그러면 이따 D창고에서 뵙지요."

　영업부장 정이 D창고에서 I와 H를 만날 때까지의 기록은 조사 보고서에 나와 있지 않다. 하지만 분명히 영업부장 정은 갑에게 "큰일 났습니다! 어떻게 해야 좋을까요……." 하며 상의했을 것이라고 쉽게 상상할 수 있다.

　D창고에서 두 사람을 만나자마자 정이 처음으로 입 밖에 낸 말은 다음과 같았다.

　"죄송합니다. 공교롭게도 D창고의 열쇠는 창고 사장이 갖고 다니기 때문에……. 담당자가 오늘은 열쇠가 없어서 열어 드릴 수 없다고 합니다……."

　I감사와 H감사부장은 영업부장 정의 어설프고 부자연스러운 설명에 내심 짜증이 났지만, "어쩔 수 없군요……." 하며 일단 물러났다.

　이 건에서는 미심쩍은 부분을 포착했음에도 아쉽게도 결과적으로 가공 재고 등의 확증을 발견하지 못했다. 그리고 수산사료사업부가 바라는 대로 실지재고조사는 무사히(?) 끝났다.

동료 의식이 부정을 조장한다

I감사와 H감사부장은 왜 한 걸음 더 나아가 진실을 파헤칠 수 없었을까? 그 이유를 한마디로 말하면 '동료 의식' 때문이다.

이 건에 관해 H감사부장과 I상근감사가 2009년 여름에 담당 상무 두 명에게 설명한 사실이 최종 보고서에 기술되어 있다.

"B상무님, C상무님. 오늘 모인 이유는 '도깨비 재고' 때문입니다……. 저희 조사에 따르면, 이미 경영 회의에서 이야기가 나왔던 수산사료사업부의 재고 급증 요인은 가공 재고, 즉 '도깨비 재고'인 것 같습니다. 이 흐름도를 보십시오……."

이렇게 해서 H감사부장과 I상근감사는 CSR(기업의 사회적 책임)부의 담당 임원 B상무(후에 이번 순환거래에 관해 사전에 어느 정도 묵인했다고 판명됨.)와 수산사료사업부의 재무 담당 임원 C상무에게 자신들이 알고 있는 사실(그 시점에서 확증은 없었다.)과 자신들의 생각을 전달했다.

그런데 B상무와 C상무는 '이 건은 감사와 감사부의 문제라서, 우리가 개입하면 혼란을 일으킬 가능성이 있다'며 선을 딱 그었다. B상무는 "그런 일이 있을 리가 있나?" 하고 반론하기도 했다. 그리고 그 후로 아무런 반응이 없었다.

I상근감사와 H감사부장의 생각으로는, 사장보다 먼저 담당 상무인 B상무와 C상무에게 이야기해서 담당 상무가 수산사료사업부 '도깨비 재고'의 전말을 밝히도록 하는 방법으로 B상무와 C상무의 체면을 세워 주고자 했던 것이다.

사장은 기린홀딩스에서 온 인물인고, B상무와 C상무는 메르시앙 출신의 인물이라는 점도 배려했을 것이다.

'만약 사장님에게 바로 보고하면 B상무와 C상무를 궁지에 빠뜨릴 수 있어. 그러니 담당자의 책임하에 이 사건을 해결하고 진상을 규명한 후 사장님에게 보고하도록 하는 방법이 가장 좋겠어.' 라고 판단한 셈이다. 결과적으로 B상무와 C상무의 판단은 이 사건의 진상 해명을 늦추었을 뿐 아니라 피해액도 증가시키는 실수였다고 최종 보고서는 단정했다.

덧붙여, I상근감사와 같은 감사는 다음의 임무가 있다.

감사 여러분은 감사가 한직이라는 비난을 듣지 않도록 이 점에 주의해 주시기 바란다.

- 이사회에 출석하고 필요할 때에는 의견을 말해야 한다(회사법 383조 1항)
- 이사회에 조언·권고를 하는 등 적절한 조치를 강구한다(감사역 감사기준 18조 2항 ③④)
- 내부통제에 관해 이사 또는 이사회에 대한 개선 권고·조언을 한다(감사역 감사기준 21조 3항과 4항)

밀월의 종언과 공모자에 대한 협력 요청

수산사료사업부에서 벌인 여러 가지 회계부정과 은폐 공작도 첫머리에서 언급한 D양식 d씨의 말 한마디로 허망한 종언을 고했다.

그런데 이번 사건은 순환거래를 포함하는 가공 판매, 가공 제조라는 특수성이 조사에 큰 장애로 작용했다. 메르시앙에 남아 있는 '기록과 기록을 대조하는 것'만으로는 거래의 실재성이나 부외 거래의 유무 등 '실태 파악'이 곤란했다. 그래서 부정에 관여했음을 인정한 외부 협력 회사에 지원 요청을 하고, 각 회사로부터 증빙과 데이터를 입수하는 방법으로 조사를 실시했다.

우선 A제조로부터 가공 매입을 파악하기 위해 a씨가 기록한 가공 제조 및 실제 제조 수량·금액 집계 데이터를 입수해서 A제조의 실제 제조 수량이 기재된 제조 일보 기록과 대조하는 방법으로 가공 매입 및 실제 매입의 수량·금액을 확인했다.

또한 D양식, E양식, F운송에 대한 가공 매출을 파악하기 위해서는 메르시앙에 남은 발주서를 확인하는 것만으로 충분하지 않았다. 그래서 대부분의 수송을 담당한 F운송이 관리하는 운송 실적 기록으로 D, E, F 각 회사에 대한 출하 유무를 확인했다.

그리고 원재료의 가공 매입, 가공 지출을 파악하기 위해 실지재고조사를 벌였다. 그 결과 장부 잔액과 실제 재고의 수량 차이가 큰 원재료를 중심으로, 원재료의 매입처로서 부자연스러운 회사나 장부상의 수량 잔액이 많은 회사를 특정했다. 그리고 나서 그것이 실제 매입인지 가공 매입인지 엄격히 구별하기 위해 수산사료사업부의 매입 담당자에게 확인했다. 여기에서 적발한 가공 매입을 실마리로 삼아 가공 지출을 특정하고, A제조의 원재료 지출 기록과 메르시앙의 원재료 지출 기록의 차이를 확인한 후, 가공 원재료 지출 실태를 파악했다.

이 사건처럼 회계부정에 외부 공모자가 있는 경우에는 **회계부정의 전모를 해명하기 위해 외부 공모자의 협력이 필요할 수 있다.** 그렇다면 조사도 대대적으로 해야 하고, 메르시앙의 경우처럼 조사에 임하는 인원이 무려 100명이 넘을 수도 있다.

순환거래 발생 방지책

순환거래 발생 방지책과 순환거래가 발생했을 때의 전모를 파헤치기 위한 방법을 마련할 때 어떤 관점에서 경영관리를 해야 할지에 관해 논의하는 일은 흥미롭다.

특히 제조업의 경우 실제 제품의 움직임이 중요한 데 비해, 이번 사건에서는 **실제 제품의 움직임에 주목한 통제가 내부통제상 요점에서 벗어나 있었다는 점이 장기간의 부정과 거액의 손실로 이어졌다**고 할 수 있다.

메르시앙의 경우, 원재료 등의 '구매 흐름'은 일정한 내부통제가 구축되어 있었다. 한편, '지출 흐름'은 월초 수량에 당월 구입 수량을 가산하고, 월말 수량을 뺌으로써 간접적으로 당월 지출 수량을 산출하는 데 그쳤다. 이 경우, 실지재고조사를 토대로 재고 수량을 정확히 파악하지 않는 한 원재료 등의 정확한 당월 지출 수량을 산출할 수 없다. 즉, 회계상의 **실지재고조사를 할 때 수량을 의도적으로 조작함으로써 회계부정으로 이어지는 상황**이었다고 할 수 있다.

또한, 사정 청취를 통해 실제로 있어서는 안 되는 생선가루 재고가 장부상 있었다는 사실도 판명되었다. 이러한 점은 원가·재고 시스템에 원재료 대장과 제품 대장을 등록할 때 악의를 갖고 가공 제품 이름을 등록함으로써 가공 거래와 순환거래를 쉽게 할 수 있는 환경이었다고 지적할 수 있다.

IT 통제에서 대장 관리는 가장 중요한 체크 사항이고, 그런 대장에 누가 어떻게 접근할 수 있느냐를 내부통제상 파악해 두는 일이 매우 중요하다.

잔꾀를 방지하는 실마리

순환거래와 가공 거래의 단서가 발견되었을 때, 조금이라도 이른 시점에서 피해액을 최소화하려면 다음 단계에서 순환거래의 전모를 해명해야 한다.

이때, 무엇을 어떻게 하면 좋을지 정해진 수법은 없다. 왜냐하면 순환거래를 시도하는 사람들은 교묘한 잔꾀를 발휘해 거래를 날조하기 때문이다…….

그러나 좋은 수가 전혀 없는 것은 아니다.

나는 이사진과의 **사전 미팅**을 계기로 순환거래를 판명한 경험이 있다(상세한 사항은 Episode 3 '히로시마가스'의 사례를 참조하라). 이번 사건처럼 제조업의 경우, **경영분석** 정도로 순환거래의 실마리를 포착할 수 있다.

보통은 예산실적차이분석을 통해 실적을 알아낼 수 있지만, 생산 계획의 예산과 실적을 비교하는 일은 대부분 그다지 중시하지 않는 듯하다. 만일 이번 사건에서 제품별 생산 계획의 예산과 실적을 비교했더라면 순환거래, 가공 제조를 통해 특정 제품이 유달리 많이 제조되고 있다는 사실, 실제로는 판매되지 않는 장기 보유 제품의 단서가 있었다는 사실, 빈번히 생산 계획을 변경했다는 사실 등을 알아낼 수 있었을 것이다. 이런 사실들로 미루어 비정상적인 재고와 생산 환경을 확실히 발견할 수 있었을 것이다.

원재료에 관해서도 조달 계획과 실적을 비교함으로써 이상한 점을 파악할 수 있었을 것이다.

이러한 순환거래에 관련된 제품과 원자재의 회전기간을 분석했더라면 이상한 징조를 포착했을지도 모른다. 최종 보고서에서 재고량이 필요한 양의 200배에나 달한다고 지적했는데도, 또한 재고조사 평가손실을 검토한 시점에서 수산사료사업부가 '매출 예상'에 관해 충분하게 설명하지 않았는데도, 조사 대상에서 누락되었다는 사실도 판명되었다.

이런 **비정상적인 부분에 대해 안테나를 세워 단서를 포착하는 것이 순환거래 등의 회계부정을 일으키지 않거나 직원을 불행에 빠뜨리지 않는 수단**이다.

순환거래 등의 가공 거래의 경우, 재고뿐 아니라 채권·채무에서도 이상한 점이 나오므로 이들 자료에서도 순환거래를 의심할 여지가 있었을 것이다. 고객별 매출액과 외상매출금을 비교하거나, 회전분석을 하거나, 외상매출금의 연령조사를 하거나, 혹은 고객별 매출액과 이익률을 분석하는 방법으로 이상한 점을 발견할 수도 있었다. 외상매입금에 관해서도 마찬가지로 회전분석, 연령조사를 실시하면 순환거래의 단서를 포착할 수 있었다.

잔꾀에 대항하는 올바른 실지재고조사

이번 사건의 최종 보고서에서는 실지재고조사의 중요성을 재인식시키는 서술이 눈에 많이 띈다.

이에 관해 『특정 항목의 감사 증거(중간보고)』(감사기준위원회 보고서 제47호)에서는 감사인이 실지재고조사 입회(회사의 담당자가 회계연도 말에 상품이나 제품 등의 재고를 실제로 세어 보는 실지재고조사에 회계사가 참여하는 감사 절차)를 계획할 때에 검토해야 할 사항으로서는 다음과 같은 것을 들 수 있다.

이런 사항은 내부감사를 할 때에도 중요한 관점으로 참고해 주기 바란다.

이번 사건과 관련해 설명하자면, 재고자산이 보관된 적절한 입회 대상 사무소를 선정하는 일이 매우 중요하다. 구체적으로 어떻게 선정해야 할지 얘기하자면, 먼저 '잔꾀를 방지하는 실마리' 항에서도 설명했듯이 **재고, 채권, 채무 등 대차대조표를 중심으로 한 항목에 이상한 점이 없는지 파악한 후, 이상한 점이 있는 재고를 중심으로**

실지재고조사 입회를 계획하고 실시하는 일이 재고를 둘러싼 회계부정을 찾아내는 데 중요하다.

덧붙여, '실지재고조사 입회인은 불시에 재고조사를 해서 재고 상황을 검증해야 하는데, 추출한 샘플은 일부만 보지 말고 전량을 철저히 세워야 한다.' 라고 최종 보고서는 지적했다. 그러나 지적한 대로 전량을 센다면 시간이 부족해서 감사를 효율적으로 실시하지 못할 가능성도 부정할 수 없다.

그래서 **이상점을 분석하고 대상을 좁혀서 실지재고조사 입회 계획을 세울 필요가 있다.**

고객별 이익률에서 이상한 수치가 보이는 대상과 관련된 재고나, 생산 계획이 자주 변경되는 재고 등 확실히 이상한 수치라고 여겨지는 재고를 중심으로, 실지재고조사 입회를 실시하려고 노력해야 한다. 가장 기본이 되고 중요한 실지재고조사라는 감사 절차를 실시하려면 **담당자도 잘 선정해야 한다.**

I상근감사나 H감사부장이 창고에서 "곡물 냄새가 나지 않는 게 이상하다."라고 지적할 수 있었던 이유는 그들이 경험상 느낀 이상점 덕분이고, 그런 의미에서는 담당자를 제대로 선정했다고 할 수 있다. 다만, 그런 사실을 회계부정 해명에 활용하지 못했다는 점은 그들의 실수였고, 감사인으로서는 매우 안타까운 결과였다.

메르시앙은 이번 사건이 발각되면서 상장폐지 등 막대한 피해를 입었다. 앞으로 회계부정 방지에 대한 의식이 개선되기를 기대한다.

(메르시앙의 보고서는 양이 많지만 회계, 법률, 그 외의 관점에서 올바른 경영관리를 시사하는 알찬 지적이 많다. 이번 에피소드에서는 보고서의 내용을 최대한 담으려고 노력했지만, 지면 사정으로 생략된 부분도 많다. 메르시앙의 홈페이지에서 보고서를 다운로드받아 읽어 본다면 많은 참고가 될 것이다.)

[회사를 강하게 만드는 처방전. '내부통제 강화']

① 업계 특유의 시스템이 발견되거나 통상적인 거래 형태와 다른 경우, 거래 내용을 잘 이해할 필요가 있다.
② 주목받지 않는 '비핵심 사업'. 그로 인해 인재가 부족해서 '장기간 인사이동을 실시하지 않음'. 그리고 업계는 침체하는데 '수익은 늘어남'. 이 세 가지 요인이 있으면 순환거래를 의심해야 한다.
③ 손익만 생각하는 회사는 제품 관리와 대차대조표 관리에 소홀해지기 쉽다
④ '보통의 판매와 방법이 다른 회수 기한은 리스크가 있다.'라고 의심해야 한다.
⑤ 실제 제품의 움직임에 주목한 통제는 장기간의 부정과 거액의 손실로 이어질 가능성이 있다.
⑥ 대장에 누가 어떻게 접근할 수 있느냐를 IT 통제상 파악해 두는 일은 '대장 관리'에 가장 중요한 체크 사항이다.
⑦ 비정상적인 부분에 대해 안테나를 세워 단서를 포착하는 것이 순환거래 등의 회계부정을 일으키지 않거나 직원을 불행에 빠뜨리지 않는 최소한의 수단이다. 이사진과의 사전 미팅이나 경영분석이 해결의 실마리가 되기도 한다.
⑧ 재고, 채권, 채무 등 대차대조표를 중심으로 한 항목에 이상한 점이 없는지 파악한 후, 이상한 점이 있는 재고를 중심으로 실지재고조사 입회를 계획하고 실시하는 일이 재고를 둘러싼 회계부정을 찾아내는 데 중요하다.
⑨ '현장을 살펴보라.' 현장에는 반드시 흔적이 남는다. 흔적을 찾기 위해서는 '담당자 선정'도 중요하다.
⑩ 고객별 이익률에서 이상한 수치가 보이는 대상과 관련된 재고나, 생산 계획이 자주 변경되는 재고 등 확실히 이상한 수치라고 여겨지는 재고를 중심으로, 실지재고조사 입회를 계획하고 실시한다.

Episode

사이좋은 동창생의 위장 상장 '시니어커뮤니케이션'

동창과의 결탁

"요즘 어떻게 지내?"

"지금 하는 일은 재미가 없네……. 슬슬 다른 일을 해 볼까 생각 중이야."

"그럼 우리 같이 재미있는 일 좀 해 볼래? 한번 상장을 목표로 해 보자!"

"좋지! 뭐든 해 보자고!"

흔히 들을 수 있는 30대 남성의 대화였다.

시니어커뮤니케이션(전 도쿄증권거래소 머더스. 이하, 시니어)은 중학교와 고등학교 시절의 동창생 세 명이 고령화 사회를 대비한 시니어 시장 전문 컨설팅 회사로서 2000년에 설립했다. 교토대학교 출신 사장답게 아이디어가 뛰어났다.

사장은 Y, 영업은 W, 재무는 M이 각각 담당했고, 창업 2년째부터 벌써 증권회사에서 상장하라는 권유를 자주 받았다. 사장 Y도 '최대한 빨리 상장하고 싶다'고 생각하기 시작했다. 실제로 상장 준비를 시작한 때는 2003년경부터이며, 상장 달성은 창업 멤버 세 명의 숙원이 되었다.

그중에서 재무 책임자 M은 상장이 시니어 마케팅의 선구적 행위로서 네임밸류와 신용을 높일 수 있는 기회라고 보고, "무슨 수를 써서라도 상장을 달성하는 것이 가장 중요한 미션이다!"라고 결의를 다졌다.

오해

시니어는 2003년 4월~2004년 3월기부터 상장을 위해 감사 법인의 감사를 받기로 했다. 이번 사례에서는 재무 담당 M이 감사 법인의 지도 사항을 자사의 상황에 맞게 제멋대로 해석한 것이 분식(=회계 부정)으로 이어졌다.

이번 에피소드는 외부조사위원회 명의로 공표된 『외부조사위원회 조사 보고서』를 참고해서 사이좋은 동창생 세 명이 저지른 위장 상장의 전모를 설명하겠다.

시니어와 감사 법인의 협력 내용은 여러 가지 분야에 걸쳐 있었지만, 그중에서 이번 분식의 직접적 원인이 된 것은 매출 계상 기준으로 '진행 기준'을 채용한 일이었다. '진행 기준'이란, 결산기 말에 프로젝트 진행 과정을 어림잡고 적정한 프로젝트 수익률로 수익의 일부를 당기 손익계산서에 계상하는 매출 계상 기준을 말한다.

재무 담당 M은 '진행 기준은 실적보다 앞당겨 매출을 계상하는 도구'이며 실제 입금만 된다면 약간 앞당겨 계상하는 것이 허용된다고 오해했고, 사장 Y와 영업 담당 W에게도 그렇게 설명했다.

하지만 사장 Y와 영업 담당 W는 "재무는 M한테 다 맡길게. 잘 부탁해."라고 말하며 '진행 기준'의 내용을 제대로 알아보지도 않고 재무 담당 M의 설명을 그대로 이해한 후, 매출 계상 방침을 M에게 일임했다.

IPO와 MBO

원래 IPO(initial public offering, 기업공개)는 출자자(투자가)를 폭넓게 모으려는 수단이다.

시니어처럼 감사 법인의 감사를 받고 증권거래소나 증권회사의 심사를 받아서 '장래를 내다보는 비즈니스 모델로 성장 가능성이 있고, 경영에 영향을 미치는 사실 등의 회사 정보를 적정하게 관리하며, 투자자에 적시에 적절하게 공개할 수 있는 시스템이 있다.'라는 동의를 얻으면, 증권거래소를 통해 일반 투자가를 대상으로 주식 매매를 할 수 있다.

기업공개는 주식의 유동성을 높이는 것으로, 변제가 필요 없는 자기자본이라는 장기 안정자금을 조달해서 재무 체질을 강화할 수 있다는 장점이 있다. 또한, 회사의 지명도와 지위를 높이고, 거래처와 금융기관의 신용도를 증대할 수도 있다. 그 외에 스톡옵션이나 직원지주회 도입으로 복리후생 제도를 충실화함으로써 우수한 인재를 확보하고 직원의 충성심을 높일 수 있는 등 많은 장점이 있다.

반면에, 기업공개에는 사회적 책임이 뒤따른다. 공개의 정밀도를 높이는 일이 매우 중요하며, 그 막중한 부담이 단점이라고 할 수 있다. 그 외에 라이브도어-후지TV, 라쿠텐-TBS처럼 적대적 M&A에 휘말리거나, 번잡한 주식 관련 사무에 시달리거나, 상장 비용이 많이 드는 것도 기업공개의 단점이다.

한때는 경영자의 최종 목표가 기업공개였던 시절도 있었지만, 최근에는 기업공개의 단점이 부각되어서 주식시장에서 자진 퇴장하는 회사도 늘어나고 있다.

예를 들어 폿카코오포레이션, 겐토샤, 그리고 'TSUTAYA'라는 브랜드로 DVD 대여업을 전개하는 컬처컨비니언스클럽 등은 상장 유지를 위한 막대한 비용이나 단기적인 이익에만 눈을 돌리는 투자가 등 여러 가지 단점을 이유로 MBO(management buy out, 경영자 매수)를 단행해서 비상장·비공개화했다. MBO란 경영진이 중심이 되어 회사를 인수하는 것을 뜻한다.

이런 현상의 배경에는 '회계 함정'에 빠지지 않으려는 마음과, 국제회계기준 도입을 내다본 기업 전략이 숨겨져 있다(여러 가지 '회계 함정'의 내용에 관해서는 졸저 『결산서의 50%는 억측으로 이루어져 있다』를 참조하라).

이처럼 기업공개에는 여러 가지 장단점이 있지만, 시니어뿐 아니라 상장을 목표로 하는 대다수의 회사 사장은 자금 조달과 지위 향상에만 흥미를 보인다. 라이브도어의 전 사장 호리에 다카후미(堀江貴文, 계열사를 통한 주가 조작 등의 부정행위를 저지른 '라이브도어 사건'으로 체포되었다.-역주)를 비롯해 돈이 전부라고 생각하는 경영자가 많아졌다고 느끼는 사람은 나뿐만이 아닐 것이다.

회사를 키우려면 당연히 돈이 필요하다. 그러나 돈을 위해서만 기업공개와 상장을 하는 것은 조금 아니라는 생각이 든다.

상장을 목표로 하는 사람은 사회의 공기(公器)가 된다는 각오가 필요하다는 사실을 이해하고, 더 나은 자본주의 사회를 이룩하는 데 노력했으면 한다.

다시 본론으로 되돌아가겠다.

상장 기준 가운데 하나는 성장성이다. 매출과 이익이 매년 증가하는 비즈니스여야 상장 심사를 통과할 수 있다. 성장성이 없고 매출이나 이익이 매년 줄어드는 비즈니스 모델은 투자가에게 매력 있는 투자처라 할 수 없기 때문이다.

그런데 재무 담당 M은 감사 법인으로부터 지도받은 '진행 기준'을, 마치 성장성을 그려 내는 마법 지팡이처럼 사용했다. 재무 담당 M에게는 기업공개만이 중요할 뿐이었다!

M은 '회사를 성장시켜야 한다'는 강박관념으로 2004년 4월~2005년 3월기의 초기부터 매출 계상해서는 안 되는 안건을 매출 계상 대상으로 삼기 시작했다.

겉치레뿐인 성장

2004년 4월~2005년 3월기 중에는 계약 금액이 도중에 감액되거나, 계약이 좌절되어서 실제로 입금을 기대할 수 없는 경우가 생겨났다.

그러나 재무 담당 M의 가장 큰 미션은 오직 기업공개였다.

'기업공개를 위해서는 수치를 감액해서는 안 돼. 하지만 감액하지 않으면 감사 법인이나 사내 사람들에게 의심을 받겠지. 어떻게 하나……? 그래, 사외임원을 파견해 준 A사와 B사에 이미 영업 실적을 보고했으니까 지금 와서 감액하지 않았다고 해서 거짓말이라고는 할 수 없잖아.'

재무 담당 M의 머릿속에서는 이미 사회의 공기로서의 기업공개라는 개념이 사라지고, 어떻게 하면 남에게 잘 보일까 하는 생각만 남은 듯했다.

원칙대로라면 매출 계상을 취소하고 실적 예측을 하향 조정해야 했지만, 이미 2004년 4월~2005년 3월기의 중간 감사도 끝난 데다, 재무 담당 M으로서는 뒤로 물릴 수 없는 상황이었다.

그래서 재무 담당 M은 가공 매출을 계상하는 수단을 생각해 냈다. 감사 법인과의 협의하에 정한 불량채권화 기준에 저촉하지 않도록 정상채권으로 꾸며서 불량채권화를 뒤로 미루는 수단이었다. 예를 들어, 원래대로라면 계약 후 1년 내에 입금되어야 하지만 특수한 사정이 있다는 이유로 1년 반 후에 입금되도록 꾸미고, 안건 자체의 장기화를 시도한 것이다. 재무 담당 M은 감사 법인의 감사에 대응하기 위해 발주서 등을 매출 계상 시기에 맞춰서 다시 만들고, 사실과 다른 타임시트와 진행 기준표를 작성하는 등 증빙(계산 증거 자료)을 직접 위조했다.

어느 날 감사 법인이 영업 책임자 W에게 외상매출금에 관해 물어보았다. 재무 담당 M은 "내가 말하는 대로 설명하면 괜찮을 거야."라며 W에게 지시해서 감사 법인에 대응하도록 했다.

분식이 발각될 때까지 사장 Y, 영업 담당 W, 재무 담당 M 등 부정에 관여한 세 명의 이사는 매출을 앞당겨 계상하고, 입금을 기대하지 못하는 안건을 '불가동'이라는 은어로 불렀다. 그리고 세 명으로 구성된 경영 회의에서 재무 담당 M으로부터 이에 관한 보고를 받고 그때마다 어떻게 회계 처리를 할 것인지 방침을 결정했다.

그림 9. 시니어커뮤니케이션의 매출액

(단위 : 백만 엔)

결산기	2005년 3월	2006년 3월	2007년 3월	2008년 3월	2009년 3월	합계
정정 전	644	1,160	1,401	1,578	1,326	6,111
정정 후	386	804	850	1,055	867	3,965
차 액	▲257	▲355	▲550	▲522	▲459	▲2,145

문어발 작전

이런 여러 분식 공작의 보람이 있었는지, 2005년 12월 시니어는 거짓으로 점철된 결산서로 세상을 속이고 기업공개를 단행했다. 마침 그때쯤 분식에 의한 불량채권 연장이 더 이상 불가능한 상황에 이르렀다.

그들은 무슨 생각으로 기업공개를 단행했을까?

나도 기업공개 업무를 맡아 본 적이 있다. 일반적으로는 회사가 기업공개를 하면 화려한 무대에 오른다는 밝고 기대에 찬 표정으로 "드디어 여기까지 왔어……. 앞으로 더욱더 큰 회사를 만들어야지!" 하며 힘차고 선명한 눈빛으로 미래를 바라본다.

하지만 그런 마음이 시니어의 세 멤버에게는 없었다……. 기업공개를 단행한 감격을 마음껏 누리지 못했다는 것은 씁쓸한 일이다.

오히려 시니어의 상황은 돈에 쪼들리고 있었다. 그래서 그들이 생각한 방법은 문어발 작전이었다. 그들이 기업공개로 주식을 매각해서 손에 쥔 자금을 보유 외상매출금의 입금 보전에 투입함으로써 불량채권이 회수된 것처럼 자작극을 꾸민 것이다.

역시 교토대학교 출신 사장답게, 계좌에 입금해서 자금을 제공하면 부자연스러운 자금 이동이라는 이유로 회계부정이 발각될 우려가 있다는 판단하에 모두 현금으로 제공했다. 대단한 잔꾀다.

그러나 예상치 못한 일은 항상 일어나는 법이다. 처음에는 ATM으로 입금했지만 때마침 보이스피싱 사기가 심각해지기 시작해서

2007년 1월부터 ATM으로 10만 엔 이상 입금할 수 없게 되었다. 이때 재무 담당 M은 상당히 당황했을 것이다.

"Y사장님, 큰일 났습니다. ATM으로 10만 엔 이상 입금할 수 없게 됐습니다. 이대로 있을 순 없으니 우리 이사들이나 가족이 아닌, 회사와 아무 관련 없는 제삼자가 계좌를 만들어 현금으로 그 제삼자의 계좌에 입금하고, 그곳에서 어떤 명목을 붙여 다시 시니어 회사 계좌로 입금하도록 해야겠습니다. 이렇게 하면 꼬리가 잡히지 않을 겁니다."

"그런데, M. 누구한테 부탁하지? 딱히 부탁할 사람이라도 있어?"

"제가 아는 사람이 있습니다. 사장님이랑 W도 알고 있는 사람입니다."

이렇게 해서 사장 Y와 영업 담당 W는 재무 담당 M의 책략에 기댈 수밖에 없었다.

2006년 12월, 재무 담당 M은 지인에게 "사정이 있어서 그런데, 네 명의로 은행 계좌를 하나 만들어 줘."라고 부탁해서 '제삼자 계좌'를 만들었다.

"좋아. 네 부탁인데 안 들어줄 수 없지."

재무 담당 M의 지인은 은행 계좌를 개설해 주었다. 그 이후(2007년) 지속적으로 재무 담당 M이 사장 Y와 영업 담당 W에게서 현금으로 자금을 받고 ATM으로 제삼자 계좌에 입금한 후, 다시 제삼자 계좌에서 시니어 계좌로 입금하는 수법을 활용했다.

이에 관해 그들과 가까운 사람으로부터 이런 이야기를 들었다.

"Y사장은 '내가 상장해서 얻은 돈을 회사 계좌에 넣고 회사의 뒤치다꺼리를 하고 있으니 내가 희생자다!' 라고 말했습니다."

정말이지 사회의 공기로서의 경영자 의식이 결여된 발언이다! 처음부터 분식을 하지 않았으면 성장성이나 사업 규모로 보아, 이런 시점에 기업공개를 단행하는 일 자체가 무리였다. 분식을 해서 투자가로부터 돈을 받은 일, 관점에 따라서는 사기 쳐서 돈을 얻었다고도 할 수 있는 일을 "내가 희생자다!"라고 말한다는 게 놀라울 따름이다.

덧붙여, 이런 문어발 작전은 넓은 의미에서 고전적인 분식 수법인 래핑(lapping)과 비슷하다.

래핑이란 B사의 외상매출금이 입금되었다고 꾸미기 위해 A사로부터 받은 입금을 대신 충당하는 것이다. 이번 사건의 경우, B사로부터 받을 입금 대신에 시니어의 경영진이 기업공개로 얻은 자금을 충당한 모양새다.

상장 규칙과 퇴장 규칙

이번 사건을 계기로 상장 규칙을 제정하는 분들에게 부탁이 있다.

상장을 할 때 몇 가지 심사 사항이 있을 텐데, 시니어가 상장한 도쿄증권거래소 머더스(Mothers, market of the high-growth and emerging stocks, 고성장 신흥주 시장)의 경우, 다음과 같은 형식 기준이 있다.

a. '상장 신청을 위한 유가증권 보고서'에 첨부하는 감사 보고서 (최근 1년간을 제외)가 '무한정 적정*' 또는 '예외 사항이 딸린 한정부적정*'으로 평가받아야 한다.

　b. '상장 신청을 위한 유가증권 보고서'에 첨부하는 감사 보고서 (최근 1년간)가 '무한정 적정'으로 평가받아야 한다.

　상장 심사에는 이런 형식 기준이 있는데, 일단 상장하면 상장 시에 분식이 있었어도 소급해서 규정을 적용하지 않는 듯하다. 그 때문에 시니어는 잠시나마 상장회사로 존재했다(회계부정을 공표한 후 반년이 지난 2010년 9월 25일에야 겨우 상장폐지됨).

　앞으로는 상장 신청 시 분식을 한 회사는 즉각 시장에서 퇴장시키는 규칙을 만들어야 한다고 생각한다. 시니어처럼 애초에 상장 신청 단계에서 분식(=사기)을 벌인 회사는 상장 신청을 위한 유가증권 보고서가 원래부터 엉터리이므로, 그에 첨부된 감사 보고서 자체에도 의미가 없다. 따라서 시장의 건전화와 투자가 보호를 위해 레드카드를 꺼내서 즉각 퇴장시켜야 한다.

퇴직자의 효과적인 활용

　2007년 6월에는 그들이 상장으로 주식을 매각해서 손에 쥔 자금만

---

* 대한민국의 경우 "적정의견"
* 대한민국의 경우 "한정의견"

으로는 보유 외상매출금 입금을 보전할 수 없게 되었다.

그래서 이번에는 각자가 소유한 시니어 주식을 담보로 주식 담보 융자를 받아 자금을 조달했다. 부정에 관여한 세 사람이 융자를 받은 금액은 총 2억 5000만 엔이고, 그들은 이 돈으로 분식을 보전했다. 그렇게까지 했는데도 보유 외상매출금 입금을 보전하기 위한 자금이 고갈되었다……. 이미 세 사람에게는 더 이상 자금을 제공할 여유가 없었다. 그래서 재무 담당 M을 중심으로 긴급회의를 열었다.

"사장님, 청구서만 있으면 회사에서 경비로 출금할 수 있으니까 가공 경비를 만드는 게 어떨까요?"

"하지만 M, 감사나 감사 법인에는 어떻게 설명하지?"

"이러면 어떨까요? 이미 퇴직한 사원의 명의를 사용해서 가공 급여를 제삼자 계좌에 송금하는 겁니다. 퇴직자를 효과적으로 활용하는 셈이죠. 그리고 그 계좌에서 자금을 융통시키면 보유 외상매출금 입금은 보전할 수 있습니다."

"좋은 생각이군, M. 그렇게 하자!"

세 사람 사이에서는 이런 대화가 오갔을 것이다. 이런 수법으로는 금액이 적지만 가공 인건비이므로 세무서에 발각될 우려가 있었기 때문에, 재무 담당 M은 이 가공 인건비 방안을 1년 동안 유보했다.

소프트웨어도 사용한 듯

2007년 12월경, 주식 담보 융자로 짜낸 자금까지 고갈되자, 재무 담당 M은 새로운 비책을 내세웠다. 그것은 소프트웨어를 구입한 것처럼 꾸미고 가공 비용을 계상해서 자금을 조달하는 수법이었다. 마침 그 즈음은 J-SOX라는 내부통제가 화제에 올라 모든 사람이 "IT 통제는 중요하다. 시스템이 필요하다!"라고 외치던 시기였다. 당시의 시니어에는 시스템 부문이 제대로 갖춰지지 않았고, 도입한 시스템도 적었다. 이에 착안한 재무 담당 M.

"좋아! 이 IT 투자 붐에 편승해서 시스템을 도입했다고 꾸미자. 그러면 총 2억~3억 엔 정도의 경비를 계상할 수 있어!'

재무 담당 M은 사장 Y에게 자신의 의견을 말했다.

"사장님, 시스템을 갖춘다는 명목으로 경비를 교묘히 계상하면, 손실을 메우기 위한 자금을 얻을 수 있습니다. 지금까지의 회계부정을 수습할 수 있을지도 모릅니다. 한 방에 회계부정을 덮을 수 있는 셈입니다. 제게 맡겨 주십시오! 이 방법으로는 감사 법인의 감사에도 견딜 수 있습니다."

"M, 자네만 믿겠네."

사장 Y는 재무 담당 M의 제안을 승인하고, 구체적인 수법은 M에게 일임했다.

M은 일본장기신용은행 출신의 엘리트답게 부정 은폐의 구체적인 수법을 마련했다.

과거에 시니어와 전혀 거래하지 않은 회사로부터 청구를 받으면 감사 법인이 의심할 것으로 생각해서, 이전에 실제로 거래했던 적이 있는 회사의 청구서를 위조하기로 했다.

"아아, 귀찮네!"

처음에는 혼자서 청구서를 위조하던 재무 담당 M은 2008년 여름부터 부하 직원 Z에게 "자네만 할 수 있는 중요한 업무를 맡기겠네." 하는 말로 청구서 위조를 지시했다. 그때 M은 부하 직원 Z가 청구서 위조를 잘할 수 있도록 다음과 같은 한마디를 분명히 덧붙였을 것이다.

"벌써 자네 책상에서 인감을 빌려서 청구서를 작성했어. 이 청구서를 과거 청구서와 비슷하게 만들어. 이 일은 사장님이나 영업 부장 W도 알고 있는 사항이야."

직원 Z는 직속 상사인 재무 담당 M의 업무 명령을 받는 처지이기도 하고, 이미 자신의 인감이 위조문서 작성에 사용되었다는 사실을 알고, '어쩔 수 없지······.' 하는 마음으로 재무 담당 M의 지시에 따를 수밖에 없었다.

처음에 재무 담당 M이 부하 직원 Z에게 작성을 명령한 청구서의 금액은 1000만~2000만 엔 정도였지만, 점점 액수가 늘어나서 2009년 말에는 1억~2억 엔이라는 커다란 금액이 되었다. 그러나 이처럼 소프트웨어 가공 계상으로 자금을 융통하는 수법은 기대한 만큼의 효과를 보지 못했다.

은폐 실패

그래서 재무 담당 M은 새로운 비책을 고안할 수밖에 없었다. 그중 하나가 MBO, 즉 경영진의 주식 매수다.

기업공개의 단점이자, 기업공개를 한 회사에 부여되는 의무 중 하나가 공개의 정밀도를 높이는 일이다. 그런데 MBO를 단행해서, 시장에 유통되는 주식을 도로 사들이고 기업공개를 그만둔 후 공개의 정밀도를 낮추면 지금까지의 분식을 은폐할 수 있다고 생각했다.

2009년 1월경, 리먼 사태로 촉발된 경제 불황이 머더스 시장을 포함한 신흥 시장에 심각한 영향을 끼쳤고, 시니어의 주가도 폭락했다.

'지금이라면 주식을 싸게 사들일 수 있어……'

그렇게 생각한 재무 담당 M은 증권회사나 컨설팅 회사로부터 수많은 상장회사가 MBO와 M&A를 검토하고 있다는 소식을 들었고, 실제로 몇 가지 구체적인 제안을 받았다.

재무 담당 M은 가공 계상을 은폐하기 위한 하나의 수법으로 MBO를 실시해야 한다고 생각하고, 사장 Y와 상담해서 승인을 받았다.

그러나 자금 조달 환경이 각박해진 상황에서 MBO에 필요한 대출금을 조성할 수 없어서 MBO 실행을 단념해야만 했다.

죽음을 각오한 작전

재무 담당 M은 앞서 설명한 소프트웨어 가공 계상으로 입금 보전을 진행했지만, MBO에 관한 검토가 실패로 끝나자 회계부정 처리가 불가능해졌음을 깨달았다.

그래서 장기영업채권에 의한 처리를 검토했다. 이것은 이미 계상한 매출 가운데 클라이언트로부터 입금받기를 기대할 수 없는 안건을 '장기미수금'이라는 이유로 일단 장기영업채권으로서 고정자산에 옮기는 동시에, 개별 대손충당금을 계상한 후 상황을 봐서 대차대조표에서 삭제하는 처리 방법이었다. 소프트웨어 구입 자금 융통으로 입금 보전을 하는 방법과 달리, 가공 입금을 하지 않고 처리할 수 있다는 의미에서 감사 법인 및 감사에게 설명하기 쉽고, 실태에 더욱 가까운 처리 방법이라고 재무 담당 M은 생각했다. 그래서 재무 담당 M은 우선 실제로 두 가지 안건을 장기영업채권으로 처리하고 상황을 살폈다.

하지만 생각과 달리 감사 법인과 감사로부터 사실 확인과 내용에 관해 엄중히 추궁당해서 앞으로 이와 같은 처리를 해서는 안 되겠다고 판단했다.

한숨도 나오지 않는다

공인회계사는 감사 절차를 통해 회사가 작성한 결산서가 적정한지 판단하고, 그 결과를 감사 보고서로 정리한다. 감사 절차 가운데서도 중시되는 절차가 바로 잔액 확인이다.

잔액 확인은 감사인이 회사를 방문해서 회사가 준비한 잔액확인서*의 내용(거래처의 명칭과 주소 등)에 문제가 없는지 확인하는 절차다.

---

* 대한민국의 경우 채권채무조회서

감사인은 '이 회사와의 거래는 있습니까? 있다면 잔액과 거래액은 얼마입니까?'라고 적은 종이와 함께 잔액확인서를 직접 우체통에 넣어서 각 거래처로 보낸다. 며칠 후 답변서가 도착하면 감사인이 직접 회수한다. 이는 거래처에서 바로 답변을 들을 수 있으므로 증거력이 강하다. 이처럼 잔액확인서만 있다면 감사 절차의 절반은 끝났다고 봐도 무방하다.

하지만 시니어의 경우, 이를 악용해서 감사 법인을 속이려 했다.

"X씨, 잔액확인서는 이것뿐입니까? 돌아가는 길에 이 잔액확인서를 부치고 싶은데, 근처에 우체통이 있습니까?"

"회사 바로 옆에 우체통이 있습니다. 이쪽으로 쭉 가시다 보면……."

"아, 그렇군요. 오늘 감사에 협력해 주셔서 매우 고맙습니다."

담당 회계사는 재무 담당 M의 부하 직원 X와 이런 대화를 나눈 뒤에, 우체통에 잔액확인서를 넣었다.

통~(잔액확인서가 우체통에 떨어지는 소리).

이 장면을 몰래 지켜보던 X.

사실 재무 담당 M은 담당 회계사가 우체통에 넣은 잔액확인서를 도로 회수하라고 X에게 지시했다. X는 담당 회계사를 미행해서 담당 회계사가 잔액확인서를 우체통에 넣고 떠나는 것을 확인하고, 집배원이 올 때까지 기다렸다가 "우편물에 실수가 있어서 이 자리에서 도로 회수하고 싶습니다."라고 말하고는 대담하게도 모든 잔액확인서를 회수했다.

　재무 담당 M은 회수한 잔액확인서에 회계감사상 문제가 되지 않도록 답변을 기입하고, 위조한 거래처의 담당자 도장과 대표 도장을 찍은 뒤 감사 법인 앞으로 주소를 적었다. 그리고 거래처 주소지 관할 우체국 직인이 찍히도록 거래처 주소지에서 가까운 우체통에 넣으라고 X에게 지시했다. 믿을 수 없는 일이지만 이는 시니어의 조사보고서에 실린 엄연한 사실이다. 이렇게까지 하면 우리 공인회계사의 감사는 거의 손을 들 수밖에 없다. 한숨도 나오지 않을 만큼 어처구니없는 짓이다.

　우편물 은닉과 불법 개봉이라는 범죄행위로 인해 강력한 감사 증거가 될 잔액확인서의 증거력은 무력화되었고, 그 결과 감사 법인의 회계감사에서 가공 매출 계상 및 대손충당금 계상을 지적할 기회가 사라졌다.

　하지만 회계사 측에 전혀 수단이 없는 것은 아니었다. 이번 사건의 관여자는 매우 한정되어 있었다. 따라서 잔액확인서의 필적을 잘 살펴보면 알아차릴 수도 있었을 것이다.

마지막 수단은 도마뱀 꼬리 자르기

　결국 때가 왔다.

　2010년 3월 16일, 감독관청에서 시니어에 연락을 하면서 이번 회계부정 사실이 발각되었다. 재무 담당 M은 지금까지 분식에 관여했던 사장 Y 및 영업 담당 W와 협의했다.

"사장님, 앞으로 경영과 사업을 계속하려면 모든 분식을 제가 단독으로 벌였다고 말하는 편이 좋을 것 같습니다. 어떻습니까?"

"미안하네. 회사를 위한다고 생각하고 재무 담당 M이 단독으로 벌인 분식 사건으로 마무리해야······."

"미안해, M."

분명히 이런 대화가 오갔을 것이다. 그 후 4월 13일에 외부조사위원회 설치에 관한 IR 정보가 공개되고, 변호사 한 명과 공인회계사 두 명으로 구성된 외부조사위원회가 조사를 시작했다. 처음에 사장 Y는 M의 호의를 받아들여서 이번 회계부정을 재무 담당 M이 단독으로 벌였다고 주장했다.

그러나 4월 28일, 감독관청이 재무 담당 M의 부하 직원에게서 사정을 청취하고 외부조사위원회도 계속 추궁하자, 결국 사장 Y와 영업 담당 W는 세 사람이 입을 맞춰 회계부정을 은폐하려 했다는 사실을 인정했다.

커다란 의문

분식이 밝혀진 뒤 과거로 소급해 결산을 수정하고, 상장할 때부터 관여했던 공인회계사의 소속 감사 법인이 감사 보고서를 공표했다. 아마 상장을 유지하기 위해서였을 것이다.

여기에서 한 가지 의문이 든다. 상장 직전의 회계연도부터 분식에

그림 10. 시니어커뮤니케이션의 손익과 현금흐름

(단위 : 백만 엔)

결산기	2005년 3월	2006년 3월	2007년 3월	2008년 3월	2009년 3월
매 출 액	386	804	850	1,055	867
영업이익	▲ 157	▲ 113	▲ 187	▲ 202	▲ 631
경상이익	▲ 164	▲ 127	▲ 228	▲ 263	▲ 722
당기순이익	▲ 189	▲ 316	▲ 287	▲ 496	▲ 936
영업 CF	▲ 182	▲ 122	▲ 6	▲ 504	▲ 319

의한 정정 보고의 대상이 된 2008년 4월~2009년 3월기까지 영업이익은 연속 적자였고, 영업현금흐름도 마이너스였다. 그런데도 모든 회계연도의 결산서와 감사 보고서에 '계속기업의 가정'과 관련된 주기가 없다.

공인회계사가 감사를 벌일 때 활용하는 규칙 중 하나가 '감사 기준'이다. 이 '감사 기준'은 여러 번에 걸쳐 개정되었는데, 2002년 개정 시의 주요 내용에는 '계속기업의 가정'에 관한 감사인의 검토가 추가되었다. 공인회계사는 '계속기업의 가정에 중요한 의문을 발견했을 때, 그에 관한 사항을 재무제표에 적절히 기재해야 한다.' (감사 기준, 제4. 보고 기준, 제6. 계속기업의 가정). 이때 계속적인 영업손실의 발생 또는 영업현금흐름의 마이너스가 판단 근거가 된다(계속기업의 가정과 관련된 공개에 대해, 제4. 계속기업의 가정에 중요한 의문을 발생시키는 사건 또는 상황).

표면적으로 보면 시니어의 수정 후 결산서는 이 기준에 해당하므로 계속기업의 가정에 관해 주기를 넣어야 한다. 그런데 상장할 때부터 2007년 4월~2008년 3월기까지는 주기가 없고, 2008년 4월~2009년 3월기의 결산단신(공표되는 결산서의 일종)에서 「계속기업의 가정에 중요한 의문을 품게 되는 사건 또는 상황」으로서 '해당 사항은 없다.'라고 표시되었다.

계속기업의 가정에 관한 주기는 파산을 알리는 경고음이다. 경고음을 울리지 않는다면 아무 의미가 없다.

위장 기업공개의 종착점

조기 상장을 위한 겉치레뿐인 성장을 연출하고, 또 그를 위해 분식과 은폐 공작을 실시하고, 신용 상실에 의한 파산 회피책까지 취해야 했던 시니어는 그 후로 어떻게 되었을까?

외부조사 보고서는 사장 Y, 영업 담당 W, 재무 담당 M, 직원 X와 Z 등 다섯 명이 이 분식에 관여했다고 인정했다.

또한, 상장 신청을 할 때부터 장기간 분식을 할 수 있었던 이유로는 관련 이사 세 명이 주도한 사문서 위조, 증빙 위조, 부정 송금, 권한 집중에 의한 내부관리 체제 불비를 들 수 있다고 외부조사 보고서는 결론지었다.

외부조사 보고서가 제안하는 재발 방지책으로는 관련 이사를 경영에서 완전히 배제할 것, 사외이사 제도를 채용할 것, 내부감사실을 강화할 것, 상담·통보 제도를 정비할 것, 영업 및 안건 추진 담당 부서와 재무 총괄 부서의 역할을 명확히 구분할 것, 매출 계상 기준에 대한 임직원의 도덕성을 확립할 것 등을 들었다.

경영자가 관여한 분식의 피해는 막대했다. 2009년 4월~2010년 3월기의 매출액이 4억 엔인 데 비해 부정 매출액의 누계는 약 21억 엔이었다. 연간 매출액의 무려 다섯 배 이상이나 되는 분식을 저지른 셈이다.

시니어는 관리대상종목 지정을 거쳐 2010년 9월 25일에 상장폐지되었고, 회사 존속을 위해 구조조정을 벌여 직원 절반 이상을 해고했다. 분식의 주모자인 세 명의 이사는 퇴임(해임이 아니다!)했고, 한 직원은 사건 발각 후 퇴직했으며, 상장 당시부터 감사를 진행했던 공인회계사의 감사 보수는 과거의 감사 보고서를 다시 작성함으로써 1300만 엔에서 5100만 엔으로 올랐다. 시니어의 본사도 도쿄 미드타운에서 변두리 오피스빌딩으로 이전했다.

1970년생인 젊은 그들은 머리도 똑똑했고 시니어 사업이라는 좋은 아이템도 내놓았지만, 매우 안타까운 결말에 이르고 말았다. 아직은 다시 일어설 수 있는 나이다. 죗값을 치르고 나서는 사회에 공헌할 수 있는 다른 일을 찾아 열심히 해 주길 바란다.

[회사를 강하게 만드는 처방전. '기업공개']

① 기업공개는 타이밍이 중요하다. 무리해서 일찍 기업공개를 하는 것은 의미가 없다.
② 최근에는 기업공개(IPO)보다 경영자 매수(MBO)가 증가하는 경향이다. 기업공개의 장단점을 이해하는 일이 중요하다.
③ '계속기업의 가정'은 파산을 알리는 경고음이다. 경고음을 울리지 않는다면 아무 의미가 없다.

Episode

해외 자회사의 불상사가 발각되어 궁지에 몰린 'JVC켄우드'

발각의 계기는 유럽 구조조정 회의

"그럼 지금부터 제1회 유럽 그랜드 디자인 회의를 개최하겠습니다. 의장님, 말씀 부탁드립니다."

"현재 일본빅터 그룹의 유럽 판매사에서 거액의 적자가 발생하고 있습니다. 하지만! 우리의 힘으로 이 적자를 극복할 수 있습니다! 이 회의에서 유럽 구조개혁 프로젝트를 시작할 것을 선언합니다. 유럽 판매사의 현황을 인식하고 분석해서 사업·재무 양면에서 구조개혁을 검토하겠습니다."

2009년 7월에 열린 유럽 구조조정 회의를 계기로 빅터의 유럽 각 판매사에서 사업과 재무를 검토·분석하기 시작했다.

하지만 전혀 예상치 못한 일이 발생했다. 연결회계로 약 148억 엔,

빅터에서 약 171억 엔의 손실이 발생한 심각한 회계부정 사실이 발각된 것이다.

이 회계부정의 무대가 된 곳은 JVC켄우드홀딩스(이하, JVC사. 2011년 8월부터 JVC켄우드로 명칭이 변경됨.)였다. 2008년 10월에 일본빅터(이하, 빅터)와 켄우드가 경영을 통합하고, JVC사의 산하에 들어간 직후였다.

이번 에피소드에서는 JVC사가 공표한 『도쿄증권거래소에 대한 '개선 보고서' 제출에 관한 알림』을 참고해서 설명하겠다.

경영 통합을 할 때의 은폐 공작

사실 이런 회계부정 사실을 빅터 측은 JVC사가 파악하기 이전에 이미 인식하고 있었던 듯하다.

변호사, 공인회계사, 사외이사, 사외감사 등 네 명이 제출한 '조사 보고서(요지)'에는 JVC사가 유럽 판매사의 회계부정 사실을 알아차린 시기는 2009년 7월 말이고, 빅터 본사가 이 사실을 보고받은 시기는 2009년 5월이었다. 이는 적어도 두 달 이상 빅터가 JVC사에 이 사실을 은폐했다는 뜻이다.

마침 5월은 3월 결산이 한창인 때였다. 굳이 따져 보자면, 5월에 부정이 발각되어 3월 결산에 악영향이 생기지 않도록 의도적으로 정보를 조작했을 수도 있다.

어찌 됐든, 이번 회계부정은 빅터의 유럽 각 판매사를 중심으로 일

그림 11. JVC켄우드홀딩스에 대한 영향

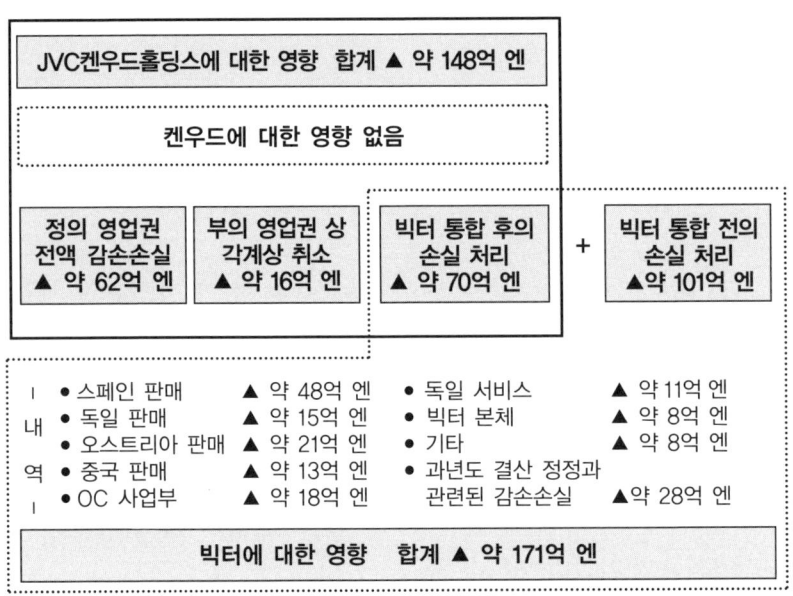

(주) 판매, 서비스, 기타는 각각 빅터의 자회사를 나타낸다.

어났고, 빅터의 연결재무제표로 총액 약 171억 엔의 손실을 입혔다. 그 내역은 JVC사 통합 전에 약 101억 엔, 통합 후에 약 70억 엔이었다.

즉, 빅터는 켄우드와의 통합 시점에서 이미 101억 엔이라는 거액의 손실을 입었다는 사실을, 당시 상장기업이면서도 은폐한 셈이다. 조사 보고서는 이 점에 관해 '약 1년 전까지 상장기업이었던 빅터에서 있을 수 없는 일이고, 병폐를 도려내어 재출발하기 위해서는 깨끗이 청산해야 할 부적절한 처리'라고 지탄했다.

여기에서 신경 쓰이는 부분이 있다. 빅터와 켄우드와의 합병비율(양 회사의 가치를 재는 척도)이 적절한지에 관한 점이다.

그래서 계산해 보았다. 그 결과는 당초에 합병비율을 산정할 때 이번 거액의 손실을 고려해서 여유분을 미리 계산에 넣었다는 사실을 확인할 수 있었다. 합병비율에 관해 큰 문제가 불거지지 않아서 다행이다.

조직 재편과 관련해서는 재무 실사(due diligence)를 얼마나 정확히 할 수 있는지도 중요한 사항 중 하나라고 할 수 있다(재무 실사가 문제가 된 사례는 졸저 『결산서의 50%는 억측으로 이루어져 있다』를 참조하라).

사내조사의 한계

유럽 구조조정 회의를 계기로 본격적인 조사에 나선 JVC사는 거액의 차입금이 있고 외상매출금도 증가하는 빅터의 스페인 판매사를 첫 타깃으로 삼았다. 경영감사실 담당자가 현지 본사에 가서 사내조사를 실시했다. 그 결과, 디스플레이 사업과 관련된 판매촉진비 등 영업 관련 경비 처리를 미루는 부적절한 회계 처리를 했다는 사실이 밝혀졌다.

이 스페인 판매사의 사내감사 결과를 계기로, 그 외의 주요 유럽 판매사에서도 비슷한 사례가 있는지 확인하기 시작했다. 특히, 장기 채권이나 미처리 판매촉진비로 인해 손실 처리해야 할 사항이 있는지 조사했다.

"이봐, 독일 판매사는 어때?"

"상당한 손실이 있을 것 같습니다……."

"그럼 오스트리아 판매사는?"

"이쪽도 손실이 꽤 발생했습니다!"

중대한 회계부정이 끊임없이 발각되자 사내조사로는 한계를 느끼고, 제삼자 기관인 G사에 조사를 의뢰했다. G사는 빅터의 재무경리부장과 함께 조속히 독일과 오스트리아 판매사에 가서 조사를 시작했다.

"회계부정 금액도 상당하군요. 다른 판매사는 어떨까요? 잘못된 관행을 근절하기 위해서라도 전면적으로 조사하는 편이 좋을 것 같습니다."

G사와의 협력 결과, 다른 판매사에서도 처리해야 할 손실을 미처리로 남겨 두지는 않았는지 진반적인 조사를 진행하기로 했다.

일괄? 소급? 부각되는 국제회계기준

그래서 모든 해외 판매사 사장에게 '2008년 4월~2009년 3월기말 계상 자산에 관한 긴급 조사표'를 보내고, '① 외상매출금 잔액 중에 판매처가 판매촉진비 등으로 차감지불한 것이 경비 처리되지 않고 외상매출금으로 남아 있는지, ② 부외 재고는 없는지, ③ 가공 매출 등 비정상적인 회계 처리는 없는지' 조사했다. 그 결과 스페인, 독일, 오스트리아 외에 중국에서도 미처리 판매촉진비를 발견했다.

그리고 각 사업부의 경리 담당자에게도 사정을 청취하고, '① 손익

변동을 가져다주는 비정상적인 거래를 하지 않았는지, ② 외상매출금 등의 자산에 자산성이 없거나 회수 불능인 사실을 알면서 계상하지는 않았는지, ③ 미불금으로 미계상한 것은 없는지, ④ 관련 회사의 청구 등으로 인해 관련 회사와 일치하지 않은 채 남아 있는 사항은 없는지' 조사했는데, 이에는 해당 사항이 없음을 확인했다.

'④ 관련 회사의 청구 등으로 인해 관련 회사와 일치하지 않은 채 남아 있는 사항'은 연결회계 작업을 할 때 이따금 발견한다. 그 발생 원인 중 하나는 연결결산서를 작성하기 위한 각 회사의 기초 자료인 '연결회계 패키지'의 양식에 문제가 있다는 점이다. 연결결산서를 작성하는 데 필요한 데이터를 전반적으로 파악하지 못하는 문제도 실제로 많다. 연결결산이 있는 회사에서는 이 점에 꼭 유의해야 한다.

G사와의 조사를 한차례 끝낸 JVC사는 2009년 9월에 JVC사와 빅터의 각 감사와 감사 법인에 조사 결과를 설명·보고했다. 그리고 10월에 빅터의 감사 법인과 협의해서 금액적 중요성이 없다는 이유로 과년도 결산 수정을 하지 않고, 회계부정이 발각된 결산기에 일괄 처리해서 총액 약 76억 엔의 손실을 2009년 4월~2010년 3월기 제2사분기 결산(2009년 10월 공표)에 계상했다.

하지만 이런 회계 처리에 의문이 제기되었다. 2009년 12월 말에 공표할 예정이던 빅터의 중간 결산에서 다시 한 번 빅터 측의 감사 법인과 협의했다.

빅터는 2010년 1월 4일 열린 이사회에서 이번 사건의 손실 처리를 일괄 계상해야 할지, 과년도 수정을 해야 할지를 주제로 조사위원회를 발족시켰다.

이 조사위원회는 나중에 '금액적 중요성을 기초로, 각 손실 처리를 할 때에는 회계부정 사실이 발생한 회계 기간에 따라 과년도 결산서를 소급 수정해야 한다.' 라고 결론지었고, JVC사와 빅터는 그 결론을 반영한 과년도 수정을 공표했다.

이런 대응의 배경에는 국제회계기준이 부각된 데 있었다.

국제회계기준의 영향으로 일본의 회계 규칙도 빠르게 변화했다.

당초 회사 측의 처리 방법인 회계부정 발각 연도의 일괄 손실 처리(전기손익수정손실의 특별손실로 일괄 수정하는 방법)와, 감사 법인이나 조사위원회가 요구한 과년도 소급 수정 처리(손실이 발생한 연도마다 과년도 손익계산을 수정하는 방법)의 차이는 회계 규칙 글로벌화의 흐름과 관련 있다.

일본에서는 회계 규칙이 생긴 이래, 이번 사건과 같은 과거의 오류에 관해 '일본에서는 원래 과거의 오류를 취급할 때 전기손익수정 항목으로 다루어 당기 손익으로 수정하는 방법을 제시하지만, 수정·재표시하는 방법은 정해져 있지 않다.' (기업회계기준 제24호, '회계상의 변경 및 오류의 정정에 관한 회계기준'의 '과거 오류의 취급과 과거 오류에 관한 취급 63.'에서 발췌)라고 되어 있다. 전기손익수정 항목에 관해 정한 기업회계원칙 주해(주 12)가 있을 뿐이었다.

이에 비해, '오류를 수정·재표시하는 방법을 도입하는 일은 단기 비교가 가능한 정보를 공개한다는 관점에서도 유용하고, 국제적인 회계기준과의 통일을 도모한다는 관점에서도 바람직하다.' (기업회계기준 제24호, '회계상의 변경 및 오류의 정정에 관한 회계기준' 의 '과거 오류의 취급과 과거 오류에 관한 취급 65.' 에서 발췌)라고 되어 있어서, 과거 오류의 취급 방법을 변경한 것이다.

회계는 관점이 달라지면 결론도 달라진다. 이런 복잡한 점이 일반인을 회계로부터 멀어지게 만든다고 생각한다.

해외 조사 방법에 관한 고민

꼭 이번 사건이 아니더라도, 해외 거점을 조사할 때면 어려운 점이 많다. 말이 안 통한다는 점도 문제이고, 거리적인 핸디캡도 있다.

그래서 해외 거점을 조사할 때에는 약간의 고민이 필요하다.

이번 사건에서는 다음과 같은 연구를 해서 짧은 기간에 효율적으로 해외 거점을 조사했다.

우선 서약서를 받았다. 앞서 언급한 '2008년 4월~2009년 3월기말 계상 자산에 관한 긴급 조사표' 로 회답을 받은 모든 해외 자회사의 대표자 및 개별 면담을 한 책임자로부터 조사·면담에서 진술한 내용에 허위가 없다는 서약서를 받았다. 외국인은 서약서에 사인을 하는 데 부담을 느끼기 때문에 어느 정도 효과를 기대할 수 있었다.

그리고 현지 공인회계사를 활용했다. 일정한 수준의 성과를 단기간에 올리려면 일본 공인회계사뿐 아니라 현지 공인회계사도 동원해야 한다. 영어는 그런대로 괜찮지만, 나머지 각국 언어에 대응하기는 어려운 것이 현실이기 때문에 현지의 회계 장부, 증빙 서류, 이메일을 열람·분석하거나 현지 직원과 면담하고 사정을 청취하려면 현지 공인회계사를 활용하는 편이 효과적이다.

해외 부정 조사를 할 때의 세 가지 유의점

『상장회사의 부정 조사에 관한 공표 사례 분석(경영연구조사회연구보고 제40호)』을 참고로 해서 해외 부정 조사를 할 때의 세 가지 유의점(① 문화, 법령 등의 올바른 이해, ② 부정이 발생했을 때의 자료 확보, ③ 전자 데이터를 포함한 증거 입수 방법 파악)을 정리하겠다.

해외에서는 일본과 문화가 다르다는 것을 전제로 행동해야 한다. 스페인에는 시에스타(낮잠 시간)가 있고, 이슬람권에는 라마단(단식 기간)이 있다. 이런 문화 차이는 법률과 규칙에도 깊이 영향을 끼친다. 해당국의 업무와 관련 법규의 차이점을 이해하고, 문화와 언어를 이해하고, 정부 기관의 협력 체제를 이해하고, 법적으로 요구되는 증거 수준이나 기밀 정보에 대한 비밀 준수 의무를 이해하는 등 '① 문화, 법령 등의 올바른 이해'가 해외 부정 조사의 첫걸음이다.

'② 부정이 발생했을 때의 자료 확보'도 중요하다. JVC사가 현지 공인회계사를 활용해서 해외 부정 조사를 실시한 것처럼, 부정 조사의 독립성을 확보하거나 입수한 정보의 객관성을 담보하는 일에서부터 외부 자료를 이용하는 것이 현실적이다. 예기치 못한 사태에 대비해서 평소에 변호사나 회계사 등 집중적이고 효과적인 지원을 제공할 수 있는 전문가와 친밀한 연대를 유지하는 일도 필요하다.

또한, 각국에서의 데이터 수집, 보관, 이전에 관한 법규에 차이점이 있는지도 알아 두어야 한다. 예를 들어, 인도가 국가 안전 보장상의 우려로 다기능형 휴대전화 블랙베리의 사용을 규제했다는 보도나, 중국 당국이 원치 않는 검색 결과를 삭제하는 '자기 검열'에 구글이 반발해서 중국 본토에서 검색 사업을 철수했다는 보도를 기억할 것이다. 이처럼 각국에는 전자 데이터를 둘러싼 규제와 사상의 차이가 존재하므로 '③ 전자 데이터를 포함한 증거 입수 방법 파악'도 필수다.

모호한 역할 구분

빅터의 판매사가 경비 처리를 미룬 일에 관해 짚고 넘어가겠다.

스페인이나 독일의 해외 거점에서는 이익 목표 달성을 위해 경영 관리자의 판단으로 비용 처리를 늦추거나, 판매촉진비 등의 신청 절차를 거치지 않고 방치하는 일이 생겨났다. 이처럼 회계 규칙을 위반한 지연 경비 처리는 시장 변화에 대응하지 못한 경영에 책임이 있다고 조사 보고서는 지적했다.

회계부정의 무대가 된 유럽 판매사는 2005년경부터 경쟁력을 급속히 잃어 가고 있었다.

"디스플레이 사업은 삼성이나 LG 같은 한국 기업이 가격 공세를 벌이고 있어 힘듭니다."

"그런 소리 해도 소용없습니다. 우리가 직접 설정한 사업 목표를 어떻게든 달성하십시오."

'자주 책임 경영'이라는 빅터의 슬로건대로 유럽 총괄 회사가 각 판매사에 목표 달성을 강력히 촉구한 결과, '무슨 수를 써서라도 목표를 달성해야겠다'는 위기의식이 왜곡된 형태로 나타났다.

"한국 기업에 대항하려면 판매촉진비나 가격대책비 같은 영업경비를 투입해야 해!"

스페인 등의 판매사 경영 간부는 목표 달성을 촉구한 빅터 유럽 총괄 회사에 "매출은 그럭저럭 괜찮습니다. 다만, 영업경비 계상은 조금 미뤄 주십시오. 다음 회계연도 이후로 어떻게든 늦춰 주시면……."이라고 요청했다. 그 결과 영업경비 계상을 약간 미루기로 결정했다.

스페인 판매사에서는 계상을 미룬 영업경비를 과거 파산한 지점의 외상매출금에 섞어 넣는 수법으로 눈속임했다.

'목표를 달성할 수 없으니 분식을 하자'는 발상은 해외에서나 일본에서나 마찬가지다.

이 점에 관해 조사 보고서는 네 가지 문제를 지적했다.

① 이익 목표 달성에 매진하는 기업 풍토가 있었다.

② 시장조사 시스템이 기능을 잃어서, 시장 상황에 따라 적시에 이익 목표를 올릴 수 없었다.

③ 지역 총괄 회사가 각 판매사에 목표를 달성하라고 강한 압력을 주었다.

④ 이익 목표 달성을 모니터링하는 책임을 경리 부문이 졌다.

이 네 가지 문제가 상승효과를 일으킨 결과 거액의 회계부정으로 이어졌다고 지적했다.

특히 흥미를 끈 부분은 ④였다. 이익 목표 달성의 일부 책임을 경리 부문에 떠맡긴 셈인데, 책임을 떠맡은 입장에서는 '수치만 약간 고치면 괜찮겠지.' 하는 안이한 발상을 하게 된다는 사실을 쉽게 이해할 수 있다.

경리 부문은 관리 부문이다. 원래는 이익 목표 달성을 관리하는 곳이지, 이익의 책임을 져야 하는 부서는 아니다. 이처럼 역할이 명확히 구분되지 않은 상황도 회계부정의 온상이 되었다.

다들 하고 계십니까? 분개 테스트

JVC사에서는 이번 회계부정 사건을 계기로, 새로운 관리 방법으로서 특수 방안에 의한 거래를 체크하기 시작했다. 이는 회계업계에서도 주목받은 분개 테스트의 일종이다.

분개 테스트란 결산서의 기초가 되는 분개(거래 내용을 차변과 대변으로 나누어 적는 일)를 추출하고 이상한 거래 기록이 없는지 검증하는 일이다. 기업회계에서는 '복식부기(거래를 차변과 대변으로 나누어 기입한 후 차변과 대변의 균형을 맞추는 방법)'를 사용하는데, 거래할 때마다 분개하고 이를 집약해서 결산서를 작성하게 된다.

예를 들어, 매출을 100으로 계상했을 때 대변에 매출 100으로 기장한다. 한편, 매출이 계상됨으로써 현금을 받을 권리를 얻은 셈이다.

만일 매출에 따라 현금을 받았다면 차변에 현금 100이라고 분개한다. 이를 부기로 표현하면 다음과 같다.

(차변) 현금 100　(대변) 매출 100

현금을 꼭 받아야 매출이 되는 것은 아니다. 현금을 받기 전의 상태도 매출이다. 이를테면 외상 판매다. 이를 부기로 표현하면 다음과 같다.

(차변) 외상매출금 100　(대변) 매출 100

이처럼 매출 거래의 경우, 현금이나 외상매출금 등 현금을 받을 권리가 증가하는 동시에 매출이라는 거래가 분개된다. 이것이 통상적인 분개다.

분개 테스트는 이런 통상적인 분개와 다르게 기장된 분개 패턴이 없는지, 있다면 그 비통상적인 분개에 합리성이 있는지를 규칙과 상식에 비춰 판단하는 일이다.

빅터의 오스트리아 판매사에서 분개 테스트를 실시한 결과, 전체적으로 파악하기가 어려운 특수한 거래 방안에 의해 21억 엔이나 되는 회수 우려 채권이 발생했다는 사실을 밝혔다.

이로써 빅터에서는 특수 방안에 의한 거래를 할 때 JVC사의 협력전략부, 법무지재총괄부에 해당 거래 방안의 계약서를 송부하고, 회계 처리나 회계상 리스크를 확인하는 시스템을 신설했다.

모든 일이 다 그렇듯이, 본질이 무엇인지 파악하는 것이 중요하다.

JVC사처럼 전문 부서가 계약서를 검토하는 일은 회계부정 방지에 효과적이라고 할 수 있다.

로마에 가면 로마법을 따르라

중국은 눈부신 경제 발전을 일구고 있지만, 중국에서 사업을 하다 보면 일본과는 사정이 많이 다르다는 사실을 알 수 있다.

예를 들어 딜러가 이중 청구, 가공 청구, 불합리한 청구를 하거나, 근거 없는 비용을 제하는 일이 중국에서는 당연하다는 듯이 일어난다. 그 때문에 빅터는 반드시 비용 확인을 하고, 불합리하거나 근거 없는 일은 딜러와 교섭해서 분명한 확인을 받은 후 처리한다는 사내 규칙까지 제정했다.

그러나 사내 승인을 받아 놓고도 딜러와 교섭·확인하는 데 시간이 많이 걸리고, 결과적으로 장기 미처리 채권이 늘어나면서 보유 외상매출금에 대한 평가가 올바로 이루어지지 못했다. 그래서 빅터의 중국 판매사에서는 약 13억 엔의 손실 계상을 할 수밖에 없었다.

JVC사와 빅터는 앞으로 중국 판매사에서 보유 외상매출금과 미처리 판매촉진비가 발생하는 것을 막기 위해, 외상 판매를 중지하고 현금 거래만 하기로 했다. 로마에 가면 로마법을 따라야 한다.

부정 발각은 성과다

수많은 해외 거점을 거느린 JVC사는 "이번에 드러난 회계부정은 경영 통합의 산물이다!"라고 여기며 전향적으로 받아들이는 모양이다.

2008년 10월 빅터와 켄우드라는 양대 음향 메이커가 JVC사에 집결해서 경영 통합을 할 때, JVC사는 '연결 경영의 기본 방침'을 채용했다. 각 회사가 따로따로 부분 최적화를 목표로 삼는 것이 아니라, 그룹 전체의 최적화를 추구한다는 생각을 명확히 밝힌 것이다. '연결경영의 기본 방침'에는 '빅터와 켄우드 사이의 인사 교환, 경영 체제 쇄신'도 포함되어 있었다. 이런 흐름을 통해 JVC사에 모니터링과 거버넌스가 구축된 결과 이번 회계부정이 발각되었다고 할 수 있다.

JVC사에서는 이번 회계부정을 계기로 드러난 내부통제 시스템의 취약성을 보완하겠다고 밝혔다. 특히, 경영관리 측면에서 해외 판매사 경리와 사업부 경리를 이중으로 검토하는 체제와, 본사 경리 부문과 대조 검토하는 체제를 확립할 것을 골자로 내부통제를 더욱 공고히 하겠다고 언급했다.

또한, 경리·인사 담당 간부를 JVC사가 그룹 전체적으로 관리하고 인사이동을 실시한다는 방침도 세웠다. 이런 방침에 따라 켄우드 출신 인물이 빅터의 이사 겸 재무경리부장으로 취임했다. 이는 서로의 기업 문화를 배운다는 의미에서도 바람직한 일이다.

회계부정은 쉽게 용서할 수 있는 행위가 아니다. 하지만 교훈으로 살릴 수는 있다.

"기업 개혁을 위한 중요한 동기가 부여되었으니, 이번 회계부정을 계기로 소통이 잘 되는 조직을 만들자!"

이런 전향적인 자세가 회사를 강하게 만든다.

빅터와 켄우드가 경영 통합으로 서로 다른 기업 문화를 부딪쳐서, 아름다운 소리를 연주하고 하모니를 이룰 수 있기를 기대한다.

[회사를 강하게 만드는 처방전. '해외 조사']

① 기업 재편, M&A를 할 때 자산을 확실히 사정해야 상정 외의 결과를 낳지 않는다.
② 예전에는 과거의 오류를 특별손실로 일괄 계상했지만, 국제회계기준이 도입된 영향으로 과거의 결산서를 수정·재표시하도록 회계규칙이 변경되었다.
③ 로마에 가면 로마법을 따르라. 해외 거점의 부정을 조사할 때에는 현지 전문가를 꼭 활용해야 한다.
④ 역할이 명확히 구분되지 않은 상황은 회계부정의 온상이다. 관리부문에 이익 목표의 책임을 지우는 일은 어리석다.
⑤ 분개 테스트는 회계부정을 발견하는 효과적인 수단이다.
⑥ 소통이 잘 되는 조직을 만드는 일이야말로 회계부정에 강한 조직을 꾸리는 데 중요하다. 각박한 현대사회에서는 오히려 전통적인 회식 자리가 필요한 법이다.

Episode

혼다 소이치로의 DNA를 좀먹은 벤처 사업 '혼다기연공업'

영감님도 화났다!

세계적인 HONDA의 식품사업부에서 분식을 저질렀다는 보도에 매우 놀랐다.

이번 사건은 혼다기연공업에서 공표한 『'당사 자회사의 부적절한 거래'의 조사 보고 및 재발 방지책에 관해』를 토대로 설명한다.

이번 회계부정 사건을 일으킨 혼다트레이딩(이하, HT사) 생활산업 사업본부는 다음과 같은 모토로 설립되었다.

'창업할 때의 벤처 정신을 갖고 환경·건강·안전·자원을 키워드로 삼아 새로운 영역에 도전합니다. 혼다 트레이딩은 HONDA 그룹이 기대하는 소비자 욕구 확대를 목표로, 일반 시장 상품을 취급하는 일에서부터 출발했습니다. 고품질·차별화 제품과 소재를 적극

적으로 발굴해 온 당사의 벤처 사업입니다.'

소비자 욕구 확대를 목표로 한 벤처 정신, 이는 실로 혼다기연공업의 창업자인 혼다 소이치로의 DNA 그 자체다. 이를 배반한 이번의 회계부정 소행.

무덤에 계신 영감님(HONDA에서는 혼다 소이치로를 영감님이라는 애칭으로 부른다.)도 벌떡 일어나서 외칠 일이다!

"남에게 피해를 주는 일은 하지 말랬잖아! 똑바로 하라고!"

창립 30주년이 회계부정으로 얼룩지다

사건의 발단은 주모자 A가 2000년 7월 HT사에 입사하는 것으로 시작한다.

A는 다른 회사에서 수산 관련 업무를 하다가 HT사에 입사했다. 당시 HT사에서는 HONDA의 정신을 계승해서 자동차와 전혀 관련 없는 사업인 수산 사업에 본격적으로 참여할 계획이었다. 그래서 2001년경부터 윗선의 승인하에 여러 수산물업자 사이에서 치어 등의 수산물을 '위탁 재고 거래'로 거래했다. 이 '위탁 재고 거래'란 수산물의 매입기와 판매기가 차이 난다는 사실을 노려, HT사의 거래처인 수산물업자가 매입한 수산물을 HT사가 사들이고 일정 기간이 지난 후에 되파는 거래를 가리킨다.

2001년은 HT사 창립 30주년의 바로 전해다.

「혼다 트레이딩은 HONDA의 도전 정신을 이어받아 '벤처 기업'

의 선구자로서 설립되었습니다. 여러 가지 신규 사업에 도전하면서 출발했고, …(중략)… 2002년 창립 30주년을 계기로, HONDA 그룹 내에서 효율적이고 창조적인 유통을 추구하고, 신뢰감 있는 제안과 지원을 지속함으로써 HONDA는 물론 고객에게서도 기대를 한 몸에 받는 상사로서 확고한 지위를 확립해 나가겠습니다.」(HT사 홈페이지에서 발췌)

이런 HONDA 정신과는 다르게, 눈부신 창립 30주년은 회계부정이라는 딱지로 얼룩지고 말았다.

뒤돌아보는 추녀

남자아이들은 무엇이든 긁어모으기를 좋아하는 것 같다. 나도 어렸을 때 우표 수집에 여념이 없었다. 그때 가장 갖고 싶었던 우표가 '뒤돌아보는 미인(일본에서 손꼽히는 미인도의 제목이다. 기모노 차림의 여인이 오른쪽으로 반쯤 뒤돌아보는 포즈를 취한다.-역주)' 이었다.

2004년 1월 HT사에서는 밀담이 오갔다.

"아이구, A씨. 큰일 났네요. 위탁 재고가 불량화되어서……."

"그거 정말 큰일이네요."

"그러게요. 그래서 위탁 재고 불량화로 인한 손실분 10억 엔을 다음 매입가에 얹어서, 추가 재고를 조금 더 떠맡아 주셨으면 하는데, 안 될까요?"

이런 거래처의 요청에 A도 당혹스러웠다.

'이 거래처와의 관계가 파탄 나면 모처럼 시작한 수산 사업에 큰 타격을 입을 거야……. 매입 대금을 늘려 달라는 이 제안을 받아들이지 않으면, 이 거래처에 되팔 수 없고 HT사에도 문제가 생길 수 있어…….'

이렇게 판단한 A는 상사에게 비밀로 하고, 일반적인 시장가보다 높은 수준의 매입 대금으로 위탁 재고를 사들였다. 그 후로도 "A씨, 이번에도 부탁할게요!" 하는 요청을 거절하지 못해서 비싼 매입 대금으로 거래를 지속하게 되었다.

그 결과, 2010년 4월~2011년 3월기 제3사분기 결산서에서 매출액 약 100억 엔, 영업이익 약 144억 엔이라는 어처구니없는 금액을 수정해야 했다(하지만 세계적인 HONDA답게, '해당 수정과 관련해서 연결재정 상태 및 경영 실적에는 중요한 영향이 없다.' 고 공표했다. 같은 시기의 연결매출액이 8.9조 엔인 HONDA로서는 이번 사건의 손실액 144억 엔은 연결매출액의 0.16%에 불과하다. 중요성이 없다는 이유로 상세한 조사 보고서를 공표하지 않았다).

이야기는 여기서 끝나지 않는다. 2004년 가을부터 2005년에 걸쳐, 불경기가 HT사에 불어닥치는 바람에 거래처의 경영 파탄이나 주문 취소가 이어졌다.

"앗, 그 거래처도 파산했구나……. 또 주문 취소야. 이게 대체 몇 번째야……."

A는 궁지에 몰렸고, 판매할 수 없게 된 HT사의 수산 재고를 어쩔

수 없이 거래처로 되돌려 보내 인수하도록 했다. 하지만 거래처 쪽으로 '뒤돌아보는' 대가는 너무나 컸다.

HT사의 수산 재고를 인수한 거래처는 그 대가로서 시장가보다 높은 대금으로 위탁 재고를 매입하라고 요구했다.

게다가 HT사로부터 수산 재고를 인수할 자금이 부족한 수산물업자가 한 번 매입한 수산 재고를 다시 HT사에게 맡기는 '위탁 재고의 순환거래'도 일어났지만, A는 이를 묵인했다.

A가 뒤돌아보는 순간 A의 운이 다했다. '뒤돌아보는 추녀(=회계부정)'가 되고 만 것이다.

뒤돌아보는 추녀가 완전히 뒤돌아선다면

A의 임시방편이 무너지는 것은 시간문제였다. 2007년 이후 경영진은 A를 뼈아프게 재촉했다.

"A씨, 위탁 재고가 엄청 늘었네."

"아, 네……. 죄송합니다."

"위에서도 말이 많아. 얼른 재고를 줄이라고."

"잘 알겠습니다."

위탁 재고의 총액을 삭감하라는 명령이 상사로부터 떨어지자 A는 당혹스러움을 감출 수 없었다.

'어쩌지? 일단 숨기고 보자!'

A는 수산과 직원 한 명을 끌어들여, 위탁 재고 총액을 명목상 감소

시키는 은폐 공작을 반복했다. 하지만 순환거래를 해소하겠다는 목표는 없었다.

재고를 줄이려고 해도 순환거래를 해소하지 않으면 결국 재고는 줄어들지 않는다.

메르시앙의 회계부정 사례에서도 설명했듯이, 한번 순환거래에 손을 대면 그 거래를 중지하는 순간 거액의 손실을 피할 수 없다. 그렇다고 해서 순환거래를 결제할 수 있는 자금적 여유가 있는 것도 아니었다.

A는 명목상 재고를 줄여 상사의 눈을 속였고(어떤 수법을 썼는지는 조사 보고서에 나와 있지 않다.), 비싼 매입 대금으로 순환거래를 계속했다. 그 결과, 이번 회계부정 사건이 표면화된 2010년 10월까지 비싼 매입 대금이나 동일 재고의 순환거래로 인한 커미션과 금리 등이 위탁 재고 금액에 붙어 눈덩이처럼 불어났다. 결국 각 거래처가 위탁 재고를 되사지 못하게 되고 순환거래의 악순환에 빠지고 말았다.

뒤돌아보는 추녀가 완전히 뒤돌아서는 순간, 아찔할 만큼 거액의 손실이 HT사와 A에게 가차 없이 덮쳤다.

높은 목표 실적은 팀을 피폐하게 만든다

조사 보고서에 따르면, 이번 사건에서 A가 거래처로부터 리베이트 같은 어떠한 개인적인 이득을 올린 일은 없다고 한다.

그러면 무엇이 A를 144억 엔이라는 거액의 회계부정으로 몰아갔을까?

그것은 바로 미국식 실적주의다. 게다가 절대 달성하지 못할 만큼 높디 높은 목표 실적……. A는 2003년경부터 높은 매출 목표에 심한 압박을 느꼈다고 한다.

그리고 수산업계 특유의 '서로 돕고 돕는 대차 관계'도 회계부정을 조장했다고 할 수 있다.

앞서 설명했듯이 A는 수산과의 손실이 사내에서 문제시되지 않도록 하려고 그 손실을 거래처에 떠맡기고, 그 대신 비싼 대금으로 다시 매입하는 순환거래를 거듭했다.

이뿐만 아니라, 수산업계를 둘러싼 환경의 변화와 불황의 폭풍이 HT사의 거래처에 심각한 자금난을 불러일으킨 점도 이번 사건과 큰 관련이 있는 듯하다.

HT사의 거래처에서 경영 파탄이 일어나자 A는 일련의 문제가 발각되지 않도록 '자전거조업(만성적으로 자기 자본이 부족하여 타인 자본을 잇따라 거두어들여서 가까스로 계속하는 조업을 비유적으로 이르는 말-역주)'적으로 위탁 재고 거래를 지속했다고 조사 보고서는 지적했다.

일을 맡기는 경영진

이 책에서는 인사이동을 실시하지 않는 것이 회계부정의 한 요인이라고 반복해서 이야기하는데, 이번 사건도 마찬가지였다.

HT사에서 회계부정이 발생하고 장기간 발각되지 않은 주된 원인

그림 12. 이번 사건에서 발생한 부적절한 거래의 예

원 안의 숫자는 거래의 흐름을 나타낸다

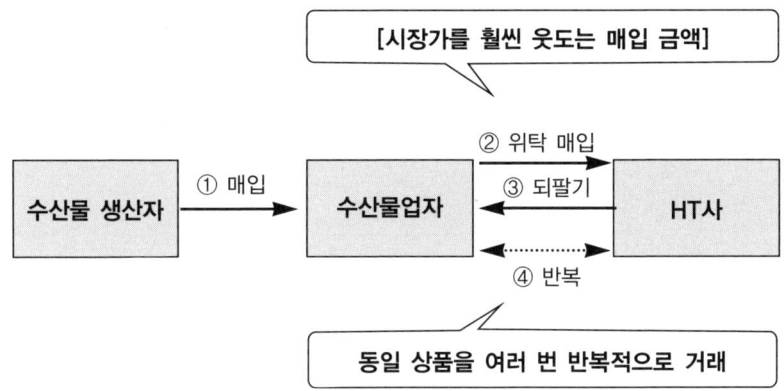

(출처 : 혼다기연공업 주식회사, 『'당사 자회사의 부적절한 거래'의 조사 보고 및 재발 방지책에 관해』)

으로는 위탁 재고 거래를 10년 가까이 A 혼자서 담당했다는 '인사의 장기 고정화'를 들 수 있다. 그 배경에는 경영진 및 상사가 수산 사업에 대한 지식이나 경험이 부족했다는 점이 있다.

또한, 위탁 재고 거래의 실태에 맞지 않는 HT사의 여신 관리 체제와 IT 시스템의 기능적 결함 등, 리스크 관리 체제에도 문제가 있었다고 한다. 그리고 이상이 있는 거래에 대한 대응을 담당자에게 모두 맡겨 버리는 풍토에서 알 수 있듯이 책임 의식과 당사자 의식이 희박하다는 점도 이번 회계부정을 양성한 하나의 원인이라는 지적도 있다. 일을 맡기는 경영진은 위탁 재고 같은 특수한 비즈니스 모델을 이해하지 못하면 회계부정과 맞설 수 없다.

순환거래를 파악하는 비결

이번 HONDA의 사례 외에 히로시마가스나 메르시앙 등의 사례에서도 다루었던 순환거래는 통상적인 거래와 구별하기가 매우 어렵다. 그러나 단서를 포착할 수는 있다.

여기에서는 나와 지인의 체험을 토대로 순환거래를 파악하는 비결을 소개하겠다.

- ① 좀처럼 주목받지 않는 '비핵심 사업부'에서 ② 장기간 '인사이동'이 실시되지 않고 ③ 비즈니스 환경이 나쁜데도 '수익이 늘어난' 경우, 순환거래를 의심할 수 있다. 실적주의와 상장 의지가 강한 경우에도 주의해야 한다.
- 순환거래를 파악하려면 데이터를 세심하게 수집·분석하고 관련자에게서 사정을 청취해야 한다. 데이터를 수집·분석할 때에는 '재무 데이터뿐 아니라 생산관리 데이터의 가격 추이, 수량 추이의 비교', '시장 상황과의 비교(추측 원가+마진으로 타당한 단가인지 판단한다.)', '지불 운임과 매출의 추이 비교(가공 매출이라면 지불 운임이 발생하지 않는다.)' 등이 효과적이다.
- 관련 거래처의 거래 상관도(그림 7 참조)를 작성하는 일은 필수다. 이때 등장인물(순환거래에 관여한 곳)을 특정해야 한다. 예를 들어, 수취어음을 이서한 회사나 받은 회사의 홈페이지, 신용조사서의 거래처 일람 등을 참고할 수 있다.
- 재고 상황이 단서가 될 수도 있다. 메르시앙의 사례에서 '독특한 곡

물 냄새가 나지 않는다.'라고 생각해서 의심하는 것이 이에 해당한다. 그 외에 재고 취급 상황에도 주목해야 한다. 1억 엔의 가격표가 붙어 있어도 그것이 가공 재고라면 아무런 가치가 없다. 이를 알고 있는 사람이라면 그런 가공 재고를 함부로 다룰 것이다. 현장을 잘 살펴보면 이런 징후를 포착할 수 있다.

- 거래처의 상황도 의심스러운 거래처를 골라내는 데 효과적이다. 거래 규모에 비해 주 거래처의 규모가 작은 경우(재무 상황이 나쁘고 여신 관리가 이루어지지 않는 경우)나, 주 거래처에 대한 매출 지시(납입처, 납입 가액, 납입 수량 등의 지시)가 있는 경우 등, 통상적인 거래와 비교해서 확실히 이상한 점이 있으면 순환거래를 의심할 만하다.

- 한편, 착각해서는 안 되는 경우도 있다. ① 순환거래라고 해서 반드시 같은 물건이 순환되는 것은 아니다(메르시앙의 사례에서는 생선→생선가루→사료). ② 신용조사는 단순한 위안거리일 뿐이다(신용조사는 대기업에는 비교적 효과적이지만, 중소기업에는 추측의 영역을 벗어나지 못한다) ③ 계약서와 전표 등 '기록과 기록의 대조'만으로는 충분하지 않다. '기록과 사실의 대조'가 필수다.

지금까지 설명한 것은 순환거래를 파악하기 위한 예시에 불과하지만, 아무쪼록 참고가 되었으면 한다.

영감님께 맹세하다

이번 사건에서도 일단 반성의 말을 들어 보겠다.

조사 보고서에 따르면, HONDA는 그룹의 거버넌스 강화, 컴플라이언스 의식 향상, 리스크 관리 체제 강화에 나서는 동시에 인사 제도를 재검토하겠다고 밝혔다. 법령과 사내 규칙을 준수하면서 적절한 경영 판단을 할 수 있는 체제를 구축하고, 기업 거버넌스를 새롭게 충실화하는 데 노력할 것을 다짐했다.

최근에는 도처에서 회계부정이 자주 일어나서 몹시 난감한 상황이다.

국제회계기준의 영향으로 점점 복잡해지는 회계와 감사 규칙, 팀 내의 의사소통을 원활히 하려 해도 팀 자체의 상황이 너무 바빠서 커뮤니케이션의 자리조차 마련하지 못하는 조직, 이사와 감사 혹은 내부감사실이 회계를 비롯한 비즈니스를 잘 이해 못한다는 감시 체제의 문제, 주주의 눈치를 보며 매우 단기적인 실적 향상에 매달리는 현실 등 여러 가지 복합 요인이 오랜 기간에 걸친 회계부정을 양성한다.

어떻게 하면 회계부정을 박멸할 수 있을까? 회계 드레싱을 없애려면 무엇을 해야 좋을까? 이 책을 통해 이 문제에 관해 생각해 볼 기회를 갖기 바란다.

아래에서는 HONDA가 선택한 회계부정 박멸 대책을 요약해서 소개하겠다.

(1) 그룹의 거버넌스 강화

HONDA가 취한 정책은 '① 내부통제 시스템 강화, ② 내부감사 체제 강화'다. 내부관리는 점점 엄격해지고 있다. 그 내부관리를 담당하는 사람들의 책임도 막중해지고 있다.

(2) 컴플라이언스 의식 향상

① HONDA에서는 컴플라이언스 의식과 공정거래에 대한 의식을 향상시키는 차원에서, 그룹 전체가 공유해야 할 행동 지침인 '우리들의 행동 지침'을 재검토·계발하고 공유하는 데 힘쓴다.

② 그룹 자회사 내 컴플라이언스 오피서의 기능을 강화한다. 컴플라이언스에 관한 대책을 추진하는 담당 이사로서 컴플라이언스 오피서를 임명하고, '기업윤리위원회'나 '기업윤리개선제안창구' 등 컴플라이언스 체제를 정비한다.

HONDA에서는 이번 사건을 계기로 '컴플라이언스 오피서에 대한 계발을 강화해서 그 직책이나 컴플라이언스에 대한 의식을 향상한다.'라고 보고 조사서를 통해 언급했다. 이 표현에서 상당한 무게가 느껴진다.

(3) 리스크 관리 체제 강화

'① 리스크 관리와 감독을 강화한다. ② 경영관리 차원의 리스크 관리와 감독을 강화한다.'라는 상투적인 대책을 내놓았다.

먼저 '① 리스크 관리와 감독을 강화한다.'에 관해 설명하겠다. HT사에서는 '여신, 품의, 재고관리에 관한 사내 규칙을 책정·정비하고, 규칙 운용 상황을 이사가 정기적·일상적으로 철저히 감독한다.'라고 규정했다(지금까지는 왜 그러지 않았나 하는 의문이 남는다). 또한, '매출관리와 재고관리를 위한 IT 시스템을 통해 내부통제를 더욱 잘할 수 있도록 그 기능을 개량해서, HT사의 재무 상황과 시스템을 더욱 강력히 감독한다.'라고 규정했다. IT 통제 활동을 지원하겠다는 의미다.

이어서 '② 경영관리 차원의 리스크 관리와 감독을 강화한다.'에 관해 설명하겠다. HONDA의 강점이나 기능을 발휘할 수 있는 영역에 경영자원을 집중하겠다는 뜻으로, 이번 회계부정의 무대가 된 수산 사업에서 전면 철수할 것을 표명했다.

(4) 인사 제도의 재검토

역시 회계부정의 상투적인 문제는 인사이동의 부족이다.

HONDA는 '장기간 고정화된 인사 때문에 리스크가 발생할 가능성이 있는 사업이나 부문은 경우에 따라서 앞으로도 지속해야 할지를 근본적으로 재검토한다'고 규정했다. 장기간 인사가 고정화되면 확실히 부정의 리스크는 높아진다. 특정 인물이 한 사업을 오랫동안 담당하면 그 사업이나 부문 자체를 존속시킬지 여부마저 검토하겠다는 시도는 참신한 발상이다.

영감님이 무덤에서 "고생했어. 또 어차피 고생할 거면 이제 앞만 보고 달려가!"라고 외치는 듯하다.

HONDA 정신, 도전 정신으로 뛰어든 수산 사업에서 큰 대가를 치렀지만, 영감님은 웃으면서 이렇게 이야기할 것 같다.

"실패는 얼마든지 할 수 있어. 그리고 실패가 다 쓸모없는 건 아냐. '이래선 안 된다.' 하고 깨닫는 것만으로도 큰 수확이야!" (HONDA 홈페이지 '한없는 꿈, 넘치는 열정'에서 발췌)

[회사를 강하게 만드는 처방전. '도전 정신']

① 일을 팀에 전적으로 맡기지 않으면 도전 정신은 생겨나지 않는다. 하지만 일을 맡기는 경영진이 비즈니스를 이해하지 못하면 팀은 불행에 빠진다.
② 실패를 극복하는 것이야말로 도전 정신이다.
③ 업계 특유의 담합 분위기가 회계부정을 낳는다. 인사이동은 담합 분위기를 막고 회계부정을 없애는 기초 중의 기초다.
④ 장기간 인사가 고정화되는 사업이나 부문은 리스크가 높다. 특정 인물이 한 사업을 오랫동안 담당하면 그 사업이나 부문 자체를 존속시킬지 여부마저 검토하겠다는 시도도 그룹 관리의 일환으로 필요할지 모른다.
⑤ 본업과 다른 비즈니스에 진출할 때 어떤 리스크가 숨어 있는지 신중히 판단해야 한다. 리스크를 얼마나 감당할 수 있는지에 관한 경영진의 판단력이 관건이다.

2부

왜 일어나는가?
어떻게 하면 막을 수 있는가?
회계 드레싱의 경향과 대책

회계 드레싱이 만들어지는 방식, 부정 발생의 메커니즘

   2부의 세 가지 메소드에서는 일본공인회계사협회가 공표한 『상장회사의 부정 조사에 관한 공표 사례 분석(경영연구조사회연구보고 제40호)』, 『재무제표 감사에서의 부정에 대한 대응(감사기준위원회 보고서 제35호)』을 참고로, 가까이에서 일어날 수 있는 회계부정의 메커니즘(=회계 드레싱)이 만들어지는 방식을 설명하겠다.

   각 메소드에서 지적하는 사항이 독자 여러분의 회사에 없는지 체크해 보기 바란다. 이에 들어맞는 항목이 많을수록 회계부정의 발생 확률이 커진다.

   이에 해당하는 항목이 많으면 조속히 회계 드레싱에 대한 대책을 시행해야 한다.

회계 드레싱이 만들어지는 방식

결산서에 허위 표시가 이루어지는 원인은 '거짓'에 있다.

실무상 '거짓'이 의도적이 아니면 '오류', 의도적이면 '부정'으로 구별한다.

이 가운데 '부정'은 결산서의 의도적인 허위 표시를 가리키고, 부당하거나 위법한 이익을 얻기 위해 다른 사람을 속이는 행위를 포함하며, 경영자·임직원·제삼자에 의한 의도적인 행위를 모두 아울러 의미한다. 이 부정은 크게 '① 부정한 재무 보고(분식), ② 자산의 유용(횡령)'으로 나눌 수 있다.

이 책에서는 이런 '부정=분식+횡령'을 '회계 드레싱'이라고 부른다.

이 두 가지 부정(=분식+횡령)은 어떻게 발생하는 것일까?

그림 13을 보면 '부정의 트라이앵글'이 분식과 횡령의 원천임을 알 수 있다.

예를 들어, 1인 독재 체제인 상황 혹은 매출 지상주의를 지닌 상사가 있는 상황 등에서는 부정을 실행할 때의 심리적 계기로 작용하는 '① 동기·압박'이 반드시 존재한다.

또한, 윗선의 승인 행위가 결여되는 등 마음만 먹으면 쉽게 부정을 실행할 수 있는 '② 기회'도 존재한다. 그리고 '이 정도는 괜찮겠지.' 하며 자신의 불법행위를 정당화하는 '③ 자세·정당화'도 부정의 원천이다.

이러한 부정의 트라이앵글 때문에 이 책에서 소개한 회계 드레싱

그림 13. **부정 발생의 메커니즘**

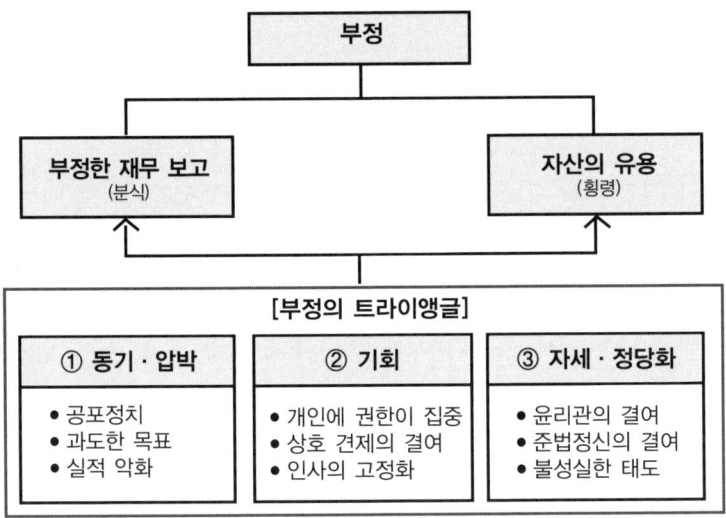

이 발생한 것이다.

찬코 드레싱

승부 조작으로 큰 소동이 벌어진 스모계도 이 '부정의 트라이앵글'로 설명할 수 있다.

원래 스모계는 예전부터 도제 제도가 깊이 뿌리내린 세계다. 선수의 등급도 요코즈나를 필두로 오제키, 세키와케, 고무스비, 마에가시라, 주료(여기까지가 세키토리), 마쿠시타, 산단메, 조니단, 조노쿠치, 마에즈모(서열 외)라는 완벽한 피라미드 구조로 구성되어 있다. 그중에서 세키토리가 되느냐 못 되느냐는 하늘과 땅 차이다!

세키토리가 되면 요코즈나가 월 300만 엔, 주료가 월 100만 엔의 급여를 받는다. 인기가 높아지면 포상금이나 광고 출연료 등으로 억대의 금액을 손에 쥘 수도 있다.

한편 마쿠시타 이하로는 그런 급여가 없고, 연봉 40만~90만 엔이 지급될 뿐이다. 게다가 찬코(스모 선수들이 즐겨 먹는 음식-역주)를 준비하거나 선배의 시중을 들어야 하고, 식사도 등급 순으로 한다. 그러니 무슨 수를 써서라도 윗자리로 올라가고 싶어 하고, 그것이 동기부여가 되어 괴로운 훈련(새벽 4시부터 시작한다고 함)도 견딜 수 있는 것이다.

세키토리의 가장 낮은 자리인 주료만 되어도 월 급여 100만 엔, 연봉 1400만 엔(2개월분의 상여금 포함)을 받는다. 하지만 강등되면 연봉 40만 엔으로 돌아간다. 그 차이는 무려 35배다!

이렇게 대우가 확 달라지니 '어떻게든 주료가 되어야겠다.' 하는 거대한 '① 동기 · 압박'이 생겨난다는 사실을 쉽게 이해할 수 있다.

그리고 자신과 똑같은 고민을 하는 동료도 존재한다.

"다음 시합에서 나한테 져 줄래? 승급하는 데 계속 실패만 하니 다음 시합까지 지면 나는 끝장이야."

부상을 자주 당하는 스모 세계에서 '자기 몸을 보호하려고' 일부러 져 주는 사람이 속출하리라는 것도 쉽게 이해할 수 있다. 일단 경기장 위에 오르면 진지하게 정면 승부를 벌이는 척할 수 있는 '② 기회'도 있다.

승부 조작에 가담한 많은 선수들이 스모의 위신을 더럽혔다는 이유로 제명되었는데, 그들은 하나같이 "우리뿐 아니라 다른 선수들도 전부 승부 조작을 한다……."라고 주장한다. 이런 발언에서는 스포츠맨십을 전혀 찾아볼 수 없으며, ③자세·정당화'가 배경에 깔려 있다고 할 수 있다.

이처럼 스모계에서 발각된 승부 조작 문제(=찬코 드레싱)는 '회계 드레싱'과 별 차이 없는 구도다.

분식이라는 회계 드레싱이 만들어지는 방식

분식 발생의 메커니즘(1) 동기·압박

이야기를 다시 회계 드레싱으로 돌리겠다. 일본은 요즘 서구의 나쁜 점만 모방하는 것 같다. 그중에서 '실적 평가'라는 시스템에 많은 비판이 쏠리고 있다. 스모계의 연봉 격차는 35배나 되는데, 비즈니스계에 도입되고 있는 실적 평가 시스템도 이와 별반 다르지 않다. 물론 동기를 높일 수 있다는 점에서는 양날의 검이라 할 수 있다.

실제로 자기 보신을 위해 실적을 조금이라도 좋게 보이려고 회계 드레싱을 악용하는 사례가 끊이지 않는다.

구체적으로 두 가지 자료를 들어 회계부정의 온상이 어디쯤에 있는지 살펴보겠다. 우선 분식 발생의 메커니즘을 짚고 넘어가자.

분식 발생의 메커니즘에는 세 가지 요인이 있다. 일단 '① 동기·압박'에 관한 부정 리스크 요인의 구체적인 사례를 설명하겠다.

부정행위를 하는 심리적인 계기에는 여러 가지 요인이 있지만, 크게 '(가) 실적 저하, (나) 과대한 압박, (다) 재산에 대한 악영향, (라) 새로운 규칙 도입'으로 나눌 수 있다.

(가) 일반적인 부정 리스크 요인으로 들 수 있는 것이 **실적 저하**다. 재무 안정성 또는 수익성이 위협받는 다음과 같은 상황에는 각별히 주의해야 한다.

- 이익 감소를 초래할 정도로 과도하게 경쟁한다. 또는 시장이 포화 상태다.
- 기술과 제품이 진부해져서, 시장의 급격한 변동에 충분히 대응하지 못한다.
- 거액의 차입금이 있거나 퇴직금 채무 등의 회계상 견적이 존재하는 회사에서 이자율의 급격한 변동에 충분히 대응하지 못한다.
- 고객의 수요가 현저히 감소하거나, 회사가 속한 업계 또는 전반적인 경제가 침체되고 있다.
- 파산, 담보권 실행, 적대적 매수를 초래하는 원인이 되는 영업손실이 존재한다.
- 이익이 계상되거나 증가하는데도, 영업현금흐름이 경상적으로 마이너스이거나 영업현금흐름을 발생시킬 수 없다.
- 동종 업계의 다른 회사와 비교했을 때, 급격한 성장 또는 비정상적인 고수익을 찾아볼 수 있다.
- 엔론 사태에서와 마찬가지로, 비현실적인 이익 목표를 달성하면 거액의 보너스가 지급되는 계약이 있다.

(나) 제삼자의 기대와 요구에 부응하기 위해 다음과 같은 **과대한 압박**을 받으면, 회계 드레싱이 쉽게 만들어진다고 할 수 있다. 이 책에서 비교적 자주 다룬 사항은, 이사회가 내건 매출이나 이익성 등의 재무 목표를 달성하기 위해 과대한 압박을 받는 사례다.

- 경영자의 매우 낙관적인 대언론 발표로 생겨난 기대로 인해 증권 애널리스트, 투자가, 대형 채권자, 그 외의 외부인이 회사의 수익력과 지속적인 성장에 관해 과도하거나 비현실적인 희망을 품는다.
- 경쟁력을 유지하려는 목적으로 주요 연구·개발이나 자본 지출을 시행하기 위해 추가 차입이나 에퀴티 파이낸스(equity finance)가 필요하다.
- 상장 규칙이나 차입 등 채무 변제와 관련된 재무 제한 조항에 충분히 대응하지 못한다.
- 기업결합 등의 중요한 계약을 할 때 실적 저하로 인해 불리한 영향을 받는다.

(다) 회사의 실적이 경영자, 이사 또는 감사 등의 **재산에 대한 악영향**을 미치는 정보가 있을 때 그들이 부정행위자가 되는 경우도 있다.

- 부정행위자가 회사와 중요한 경제적 이해관계를 지닌다.
- 상여금이나 스톡옵션 등 부정행위자와 얽힌 보수의 대부분이 주가, 경영 실적, 재정 상태, 현금흐름에 관련된 적극적인 목표 달성에 좌우된다.
- 기업 채무를 개인이 보증한다.

(라) 이 외에 회계기준이나 법령·규제 등 **새로운 규칙 도입**이 있을 때에도 각별히 주의해야 한다.

앞으로 국제회계기준의 영향으로 회계상의 견적이 늘어날 것이다. 취약한 근거를 토대로 '회계 함정'에 대처하면 금세 회사가 무너져 버리므로 조심해야 한다(자세한 사항은 졸저 『결산서의 50%는 억측으로 이루어져 있다』를 참조하라).

분식 발생의 메커니즘(2) 기회

기회와 관련된 주요 부정 리스크 요인에는 '(가) 업종·업태·사업의 특성, (나) 감시 활동과 모니터링의 부존재, (다) 조직 구조의 복잡성과 불안정성, (라) 내부통제의 구조적 결함'이 있다. 이런 환경에서는 안이한 분식이 일어나기 쉽다.

(가) 소속되어 있는 **업종·업태·사업의 특성**이 회계부정과 관련된 기회를 가져다주는 경우가 있다. 부정 방지를 위해서는 비즈니스 모델을 반드시 이해해야 한다.

- 통상적인 거래 절차에서 벗어난 중요한 관련 당사자와의 거래, 감사를 받지 않는 거래, 다른 감사인이 감사하는 중요한 관련 당사자와의 거래가 존재한다.

- 매입처와 주 거래처에 부적절한 조건을 강제할 수 있는 재무상의 강력한 영향력을 지닌다.
- 주관적인 판단이나 입증이 곤란한 불확실성을 수반하는 중요한 회계상의 견적을 토대로, 자산·부채·수익·비용이 계상된다.
- 중요성이 있는 특이한 거래, 매우 복잡한 거래, 특히 어려운 실질적 판단을 해야 하는 회계연도 말의 거래가 존재한다.
- 사업 환경과 문화가 다른 나라나 지역에서 중요한 사업을 시행한다.
- 사업을 시행하는 중에 명확한 정당성이 없는 중개 수단을 이용한다.
- 케이맨제도 같은 조세회피지역에서 사업을 실시하는 중에 명확한 정당성이 없는 거액의 은행계좌를 개설하거나 자회사 또는 지점을 운영한다(라이브도어 사건이 전형적인 예).

(나) 경영자나 상위 관리자에게 **효과적인 감시 활동과 모니터링이 존재하지 않거나 불충분한 경우**도 있는데, 이때도 각별히 주의해야 한다.

- 한 사람 또는 소수의 사람이 경영을 지배하고, 이사회나 감사에 의한 감시가 불충분하다.
- 재무 정보 절차와, 내부통제나 감사에 의한 감시가 효과적이지 않다.

(다) **조직 구조가 복잡하거나 불안정한 경우**, 부정의 기회가 생긴다.

- 회사를 지배하는 조직을 특정하기가 곤란하다.
- 이례적인 법적 실체 또는 권한 계통을 포함하는 매우 복잡한 조직 구조다.
- 이사, 집행임원, 감사가 자주 교체된다.

(라) 부정 방지를 위한 내부통제 시스템은 갖춰져 있지만, 이 **내부통제의 구성 요소에 결함**이 있는 경우에는 부정의 기회가 생겨난다.

- 경영관리자가 내부통제를 충분히 감시하지 않는다.
- 직원이 자주 바뀌고 전출입률이 높다.
- 인재가 부족해서 충분한 능력이 없는 경리, 내부감사, IT 담당자를 채용한다.
- 내부통제에 중대한 결함이 있고, 회계와 정보 시스템이 효과적이지 않다.

분식 발생의 메커니즘(3) 자세·정당화

'썩은 귤을 그대로 두면 주위에 있는 귤까지 전부 썩는다.'

조직을 이끄는 경영자나 경영관리자는 회사가 전부 썩지 않도록 엄정한 태도로 부정에 대처해야 한다.

아래는 '③ 자세·정당화'와 관련된 부정 리스크 요인의 구체적인 예인데, 부정이 발생해도 전혀 이상하지 않은 상황이라고 할 수 있다.

- 경영자가 기업의 가치나 윤리 기준을 전달·실시하는 일을 효과적으로 수행하지 못한다.
- 경영자가 부적절한 기업 가치나 윤리 기준을 전달한다.
- 재무나 경리 담당 이외의 경영관리자가 회계 방침을 선택하거나 중요한 견적을 결정하는 데 과도하게 개입한다.
- 과거 금융상품거래법을 비롯한 법규 위반이나 부정에 의해 회사, 직원, 경영관리자가 손해배상 청구를 받은 적이 있다.
- 경영관리자가 회사의 주가나 이익 경향을 유지·증대시키는 데 과도한 관심을 보인다.
- 경영관리자가 투자가, 채권자, 기타 제삼자에게 적극적 또는 비현실적인 실적 달성을 약속한다.
- 경영관리자가 내부통제의 중대한 결함을 발견하고도 적시에 시정하지 않는다.
- 경영관리자가 과세소득을 부당하게 최소화하는 데 관심을 보인다.
- 경영관리자의 도덕성이 낮다.

- 오너경영자가 개인의 거래와 회사의 거래를 혼동한다.
- 비상장회사에서 주주 사이의 분쟁이 존재한다.
- 중요성이 없다는 것을 근거로 경영관리자가 부적절한 회계 처리를 자주 정당화한다.

특히 상장기업이나 앞으로 상장하려는 회사가 이미 공인회계사에 의한 외부 감사를 받고 있는 경우에, 경영자와 현·전임 감사인과의 사이에서 자주 논쟁이 벌어지거나 다음과 같은 긴장 관계가 존재한다면 각별히 주의해야 한다.

- 감사를 종료하거나 감사 보고서를 발행하는 데 극단적인 시간 제약을 부여하는 등 감사인에게 불합리한 요구를 한다.
- 감사인이 임직원에게서 정보를 얻거나 임직원과 대화를 하는 일을 부당하게 제한하려고 한다.
- 경영관리자가 감사 업무의 범위 또는 감사 팀 구성원의 배치에 영향을 주거나, 감사인에게 고압적인 태도를 취한다.

여러분의 회사는 어떤가? 위의 사례 중 몇 가지에 해당하는가?

부합하는 사례가 많을수록 분식 발생의 확률이 높아진다고 해도 틀린 말이 아니다.

얼른 분식의 싹을 잘라 버려서 회계 드레싱이 만들어지지 않도록 조치해야 한다.

횡령이라는 회계 드레싱이 만들어지는 방식

횡령 발생의 메커니즘(1) 동기 · 압박

분식은 경영층에서 발생하기 쉬운 회계부정인 데 비해, 횡령은 여러 가지 심리적인 계기로 유발되어 직원 차원에서도 발생할 수 있는 회계부정이다. 우선 횡령 발생 메커니즘 가운데 '① 동기 · 압박'에 관한 부정 리스크 요인의 구체적인 예를 설명하겠다.

(가) 직원(특히, 현금처럼 훔치기 쉬운 자산을 다루는 직원은 각별히 조심해야 한다)과 회사가 대립하는 경우, 직원이 화풀이로 횡령 행위를 저지를 수 있다. 오늘날에는 경기 침체로 인해 직원을 안이하게 해고하는 경우도 있는데, 구조조정을 할 때에는 충분한 주의를 기울여서 직원과 항상 좋은 관계를 유지해야 한다.

- 직원 해고가 공표되거나 예상된다.
- 직원 급여가 변경되거나 변경이 예상된다.
- 승진과 보수 등이 직원의 기대에 반한다.

(나) 개인적인 채무가 있는 상황은 현금처럼 훔치기 쉬운 자산을 유용하는 요인이 될 수 있다. 특히, 재무 부문 등 현금을 취급하는 부서에 개인파산자를 배치하는 일은 금물이다.

횡령 발생의 메커니즘(2) 기회

이어서 '② 기회'에 관한 부정 리스크 요인의 구체적인 예를 살펴보겠다.

부정을 쉽게 행할 수 있는 환경에 있으면 우발적으로 부정을 저지를 수도 있다.

(가) 자산의 특성과 상황이 횡령의 기회를 가져다줄 수도 있다. 경영관리자는 자산의 특성을 바탕으로 관리 체제를 정비하는 것이 중요하다.

- 보유현금 또는 현금의 취급액이 많다.
- 재고자산이 소형이고, 고가이거나 수요가 많다(예를 들어, 컴퓨터나 상품권).
- 무기명채권 또는 귀금속처럼 쉽게 환금 가능한 자산이다.
- 소형이고 시장성이 높은 고정자산 또는 소유권이 명시되지 않은 고정자산이다.

(나) 자산에 대한 내부통제에 결함이나 불비가 있는 경우에도 횡령의 기회를 가져다주므로 유의해야 한다.

- 직무의 분리 또는 견제가 불충분하다.
- 경영관리자의 여비나 기타 지출과 그 정산에 대한 감시가 불충분하다.
- 멀리 떨어진 사무실의 자산을 관리하는 직원에 대한 감시 활동이 불충분하다.
- 횡령하기 쉬운 자산을 다루는 직원의 채용 절차가 부적절하다(금융기관에서는 3촌 이내의 친척까지 신원 조사를 한다).
- 자산에 관한 장부 기록이 불충분하다.
- 구매 등의 거래에 관한 권한과 승인 절차가 부적절하다.
- 자산에 관해 전반적이고 적절한 조정이 이루어지지 않는다.
- 상품 반품 거래에 관해 적시에 적절한 기장이 이루어지지 않는다.
- 내부통제에서 중요한 역할을 담당하는 직원이 장기간 같은 직무에 고정되어 있고, 정기적으로 배치전환이 이루어지지 않는다.
- 내부통제에서 중요한 역할을 담당하는 직원에게 강제 휴가를 주지 않는다(금융기관에서는 1주일 정도 연속되는 휴가를 강제로 보낸다).
- IT에 관한 경영자의 이해가 불충분해서, IT 부정 조작으로 횡령을 할 수 있는 상황이다.
- 자동화된 기록에 접근할 수 있는 권리가 제대로 관리되지 않는다(특권 ID가 잘 관리되지 않는 회사는 횡령을 조장하는 것과 같다).

횡령 발생의 메커니즘(3) 자세·정당화

단적으로 말해서, 경영관리자가 관리(=경영)하지 않는 상황이 횡령을 초래한다. '③ 자세·정당화'에 관한 부정 리스크 요인의 구체적인 예는 다음과 같다.

- 자산 유용에 관한 리스크를 고려한 감시 활동을 하지 않거나, 해당 리스크를 줄이려는 조치를 취하지 않는다.
- 자산 유용에 관한 내부통제를 무시하거나 내부통제의 불비를 시정하지 않는다.
- 직원의 대우에 관한 불만과 회사에 대한 불만이 존재한다.
- 직원의 행동이나 일상생활에서 자산 유용을 암시하는 변화가 보인다.
- 소액의 횡령을 용인한다.

여러분의 회사는 어떤가? 위의 사례 중 몇 가지에 해당하는가?

상장회사에서 부정이 발생했을 때의 핑계

회계 드레싱은 여러 가지 형태로 발각된다. '중소기업은 그렇다 치고, 왜 상장회사에서까지 회계부정이 발생하는가?'라고 의문을 품는 독자도 많을 것이다.

사실 상장회사는 모든 그룹 회사나 거래를 대상으로 회계부정을 체크하지 않는다. 상장회사에서는 모든 그룹 회사나 거래를 대상으로 내부통제(회계부정을 예방하고 발견하려는 통제 절차) 평가를 실시하지 않고, 극히 일부의 중요한 그룹 회사나 거래 절차만 내부통제 평가의 대상으로 삼는다. 어떤 그룹 회사나 거래가 중요한가 하는 기준은 각 회사와 각 감사 법인마다 다르므로 일괄적으로 정할 수 없다. 다만, 경험상 말하자면 '연결매출액이나 연결이익의 몇 % 이상' 이라는 수치 기준으로 '이 회사(또는 거래 절차)는 중요성이 있기 때문에 내부통제를 실시해야 한다.' 라고 판단하는 것이 현실이다.

따라서 내부통제 평가로부터 자유로운 회사나 거래 절차가 나올 수 있다.

그렇기 때문에 제삼자의 눈으로 봤을 때 내부통제가 제대로 이루어지는지, 혹은 그 통제와 체크 방법에 문제가 없는지에 관해 검증되지 않는 회사나 거래 절차도 나올 수 있다.

상장회사에서는 그 사회적 사명을 생각하면 적어도 몇 년에 한 번 정도는 전체 회사와 전체 거래 절차를 대상으로 정기·부정기적으로 내부감사를 실시해서 회계 드레싱의 싹을 깨끗이 잘라 낼 필요가 있다고 본다.

그렇지만 비용 대비 효과의 관점에서 중요성이 있는 그룹 회사나 거래 절차에 대한 통제가 중심이 되어야 한다는, 경영 효율과 내부통제의 균형을 고민하지 않을 수 없으므로 어느 쪽을 중시할지는 실무적으로 매우 어려운 부분이다. 그 때문에 '연결매출액이나 연결이익의 몇 % 이상' 이라는 획일적인 수치 기준을 규정해서 내부통제 평가

범위를 정하는 회사가 적지 않다.

내부통제의 두 가지 기능과 감사의 두 가지 본질

내부통제란 경영자가 구축하는 부정 방지 시스템이다. 여기에는 전통적으로 내부견제와 내부감사라는 두 가지 의미가 있다.

'내부견제'란 서로를 검증하는 일이다. 예컨대, 전표를 돌려 보면서 거래 내용을 서로 검증하는 기능이다. 그러나 경영자와 가까운 사람이 잔꾀를 부리면 부정 방지의 안전장치(=내부통제)는 쉽게 깨지고, 마음대로 부정을 저지를 수 있게 된다.

이런 사태를 막기 위해 내부통제의 또 다른 기능인 '내부감사'가 존재한다. 내부감사란 회사 조직이 합법적·합리적으로 경영 활동을 수행하도록 조언과 권고를 하는 기능을 말하며, 내부통제가 효과적으로 정비·운용되는지를 감시한다.

여기에서 내부감사를 포함한 감사의 본질은 무엇인지 생각해 보겠다.

감사의 본질은 '실태 파악'과 '부정행위 예방'이다.

'실태 파악'에는 '기록과 기록의 대조'와 '기록과 사실의 대조'가 있다.

그런데 전표 등의 거래 기록과 계약서 등의 증빙 서류가 있어서 '기록과 기록의 대조'를 할 수 있다고 하더라도 실태 파악이 불충분한 경우가 있다. 수많은 회계부정의 수법에서 볼 수 있듯이, '기록과 기록의 대조'를 함으로써 마치 거래가 이루어진 것처럼 꾸미고 회계부정을 은폐하는 사례도 많다. 따라서 기록뿐만 아니라 사실까지 대조해서 '실태 파악'을 해야 한다.

한편, '부정행위 예방'은 '부정의 트라이앵글'을 배제하는 일이라고 말할 수 있다. 부정을 일으키는 '동기·압박', '기회', '자세·정당화'를 배제하고, 부정행위를 방지하는 역할을 내부감사가 담당하는 것이다.

최근의 회계부정은 복잡화·장기화·거액화되는 경향이 있다. 그 와중에 한정된 감사 일정으로 '실태 파악'을 하는 데는 한계가 있을지도 모른다. 따라서 앞으로는 중장기적인 시점에서 '부정행위 예방'을 실시하는 방향으로 차츰 나아가야 한다.

안타깝게도 **오늘날은 성선설이 아니라 성악설로 세상을 바라봐야 한다.**

그림 14. **감사의 본질**

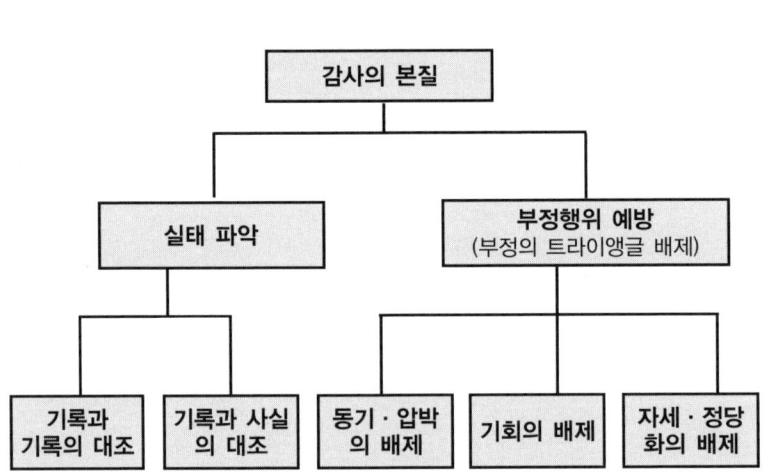

Method 2.

최소 불행 회사를 실현하기 위한 회계부정 방지 수단

앞에서 언급한 『상장회사의 부정 조사에 관한 공표 사례 분석』, 『재무제표 감사에서의 부정에 대한 대응』과 각 회사의 개선 보고서를 참고해서 회계부정이 어떻게 이루어지는지, 그리고 회계부정을 어떻게 방지해서 '최소 불행 회사'를 실현할 수 있는지 설명하겠다.

먹지 마! 아홉 가지 회계 드레싱

회계부정의 수법을 살펴보기 전에 이 책의 사례를 토대로 회계부정의 패턴을 분석해 보겠다.

그림의 세로축은 경영에 관여하는 수준이 높은 순으로 위에서부터 경영자, 상위 관리자, 직원을 늘어놓았다. 경영자가 저지르는 회계부정과 말단 직원이 저지르는 회계부정은 질적으로나 양적으로나 당연히 다르다.

한편, 가로축에는 회계부정을 저지른 실행자의 공모 유무에 따라 단독, 내부 공모, 외부 공모로 구분해 늘어놓았다. 내부 공모는 회계부정이 발각된 회사 내에 여러 부정행위자가 있는 경우를 가리키고, 외부 공모는 협력 회사 등 외부에도 부정행위자가 존재하는 경우를 가리킨다. 공모를 한 회계부정은 단독으로 한 회계부정보다 발각되기 어려운 경향이 있다.

그림 15. 회계 드레싱의 아홉 가지 분류

	단독	내부 공모	외부 공모
경영자		시니어커뮤니케이션 하야시바라	로손엔터미디어
상위 관리자	오사카가스	JVC켄우드홀딩스 / 메르시앙	
직원	혼다기연공업 노리타케	아시아항측	히로시마가스

(세로 중앙: 긴테쓰·후타바산업)

이 책에는 다양한 회계 드레싱이 차려져 있다

긴테쓰는 자회사인 미디어트에서 회계부정이 발생했다. 그 주모자가 총무국장 시절에 회계부정에 손대서 부하에게 공모를 지시하고 본인은 사장 자리에까지 오른 형태였다. 그래서 긴테쓰의 사례는

'내부 공모, 모든 임직원 수준'으로 구분했다.

메르시앙은 수산사료사업부의 부장들이 거래처를 끌어들여 회계부정을 실행했기 때문에 '내부 공모, 외부 공모, 상위 관리자'로 구분했다.

한편 오사카가스에서는 '단독, 상위 관리자'에 의한 회계부정이 발생했다. 이에 관한 2010년 5월의 보도는 다음과 같다.

> 오사카 경찰 조사2과는 13일, 가공 거래로 회사에 약 4억 6000만 엔의 손해를 입힌 오사카 가스의 IT 관련 자회사 '오지스총연(오사카 시 니시 구)'의 전 공공솔루션부 부장 H용의자(46)를 배임 혐의로 체포했다. 경찰은 '범인이 틀림없다'며 혐의를 확신했다. 체포된 용의자는 2006년 12월, 회사가 오사카 시 소방국으로부터 소방 네트워크 시스템 개발을 수주한 것처럼 꾸며 가공 매출을 계상했다. 그리고 나서 개발 업무의 일부를 다른 통신기기 회사 두 곳으로 외부 위탁한 것처럼 꾸며 각각 약 2억 1000만 엔과 약 2억 5000만 엔을 대금으로 지불해서 회사에 손해를 입혔다. H용의자는 평소에 거래하던 두 회사에 '수주처로부터 입금이 늦어졌기 때문에 대금을 대신 치러 달라'고 부탁하고 나중에 이익을 얹어서 변제하겠다고 설명했다. H용의자는 두 회사가 대신 지불한 대금을 매출로 계상하는 한편, 변제할 때에는 오지스의 자금을 얹어 외부 위탁의 형태로 회계 처리했다고 한다. 경찰은 H용의자가 영업 실적을 유지하기 위해 이런 가공 거래를 반복한 것으로 보고 수사를 하고 있다.
>
> (MSN산케이뉴스 http://sankei.jp.msn.com)

오사카가스는 이번 사건을 공표하지 않았고, 오지스총연도 웹상에서 H의 체포와 기소 사실을 간단히 공표했을 뿐이다. 따라서 이 사건에 관한 정보는 위의 기사뿐이다.

그런데 이 사건은 아홉 가지 유형의 회계 드레싱 가운데 이 책에서 전혀 다루지 않았던 패턴이다. 바로 '경영자, 단독'으로 회계부정을 저지른 것이다.

이 책에서 경영자 단독으로 저지른 회계부정 사건을 다루지 않았던 이유는, 이런 패턴의 경우 확인되지 않은 소문이 언론과 인터넷상에 지나치게 범람해서 책에서 다루기에 마땅치 않았기 때문이다.

다만 한마디만 언급하고 넘어가겠다. 경영자는 보통 거대한 권력 구조의 꼭대기에 군림한다. 따라서 윤리관과 준법정신이 사라지면 거액의 회계부정을 쉽게 저지를 수 있다. 그런 경영자가 단독으로 회계부정을 저지르려고 하면 반사회적 세력과 결탁할 수도 있다.

이처럼 반사회적 세력이 관여하면 상장폐지 기준에 해당한다.

회계 드레싱을 부추기지 않기 위해 이해해야 할 사항

부정행위를 실행하는 사람은 당연히 부정행위 관여자다. 그리고 부정행위를 묵인하거나 추인하는 사람도 부정행위 관여자로 인정될 수 있으므로 주의가 필요하다(그림 16 참조). '나만 안 하면 괜찮아.'라는 생각이 아니라, 조직과 팀으로서 어떻게 하면 좋은지 '전체 최적화의 시점'을 지녀야 회계부정을 줄일 수 있다.

그림 16. 부정행위 관여자 분류표

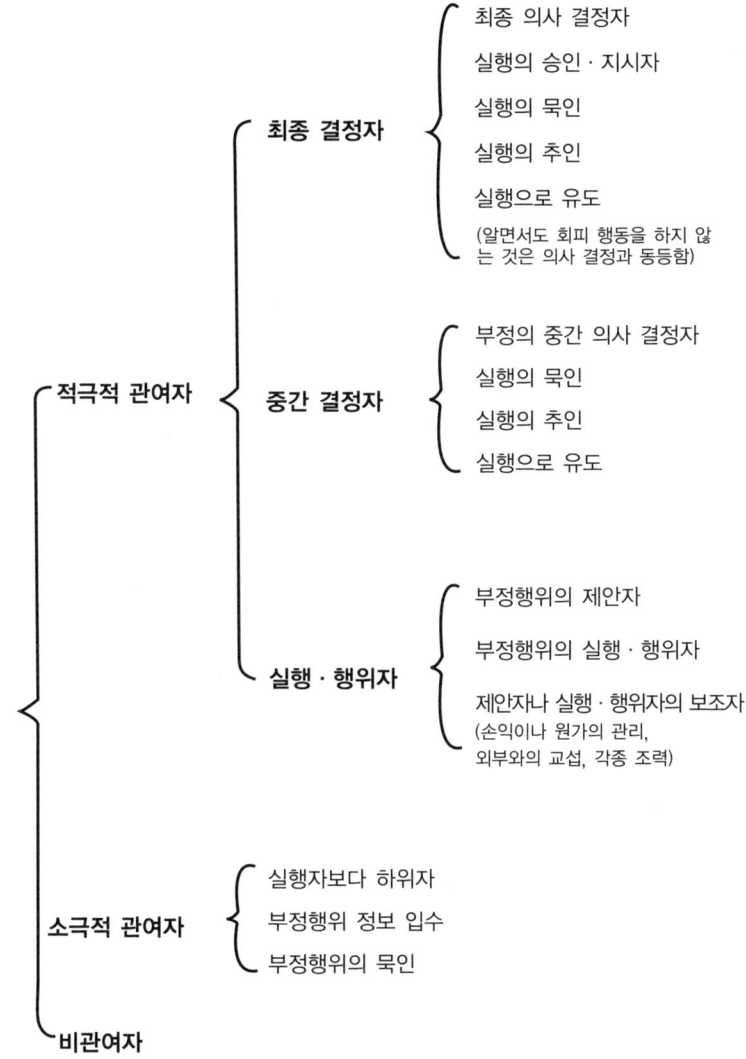

(출처 : 일본공인회계사협회, 『상장회사의 부정 조사에 관한 공표 사례 분석』)

회계 드레싱 맛보기

회계부정 발생의 징후를 포착한다(1) 분식 발생의 세 가지 경보

여기에서는 회계 드레싱을 맛보는 방법(=회계부정의 징후를 포착하는 방법)을 소개하겠다.

나에게 회계부정 퇴치법을 가르쳐 준 분은 나의 은사인 노노카와 유키오 선생님이다. 대형 감사 법인에 막 입사한 나에게 '분식과 횡령에는 반드시 이상점(異常点)이 있다.' 라고 가르쳐 주셨다. 『이상점 착안 감사 기법』이라는 책에서 노노카와 선생님은 다음과 같이 말했다.

'임원이나 관리자가 주도하는 회계부정일 경우, 각 거래 단계에서는 감사 자료를 거의 완벽히 갖춰서 정상적인 거래와 구별할 수 없는 상태를 만들었더라도, 조금이나마 남의 눈을 의식하는 상황(내부통제의 정비)이 있다면 시간의 경과에 따라 거래의 연속 관계에 이상이 나타나는 경우가 많다. 나는 여기에 부정행위를 발견하는 실마리가 있다고 생각한다.'

다시 말해, 발견하기 어려운 경영진의 회계부정이더라도 이상점은 반드시 존재하고, 그 이상점을 파고들면 회계부정을 만천하에 드러낼 수 있다는 뜻이다.

그러면 회계부정의 징후에는 어떤 것이 있을까?

잠시 다른 이야기를 하자면, 화장실이 회계부정을 알려 주는 징후인지도 모른다. 나는 회계부정이 일어난 현장에 여러 번 갔었는데,

그곳의 화장실을 보고 '역시 회계부정이 일어날 수밖에 없는 환경이구나.' 하고 느낀 적이 가끔 있었다. 화장실은 마음의 거울이라고들 한다. 마음이 지저분하면 화장실도 지저분한 법이며, 그 반대도 마찬가지다. 지저분한 화장실을 쓰다 보니 회계부정에 손을 대고 싶어지는지도 모른다.

이야기를 되돌려서, 분식이 잘 일어나는 조직에서 볼 수 있는 '분식 발생의 세 가지 경보'를 살펴보겠다. 그것은 바로 '① 이상치 발생, ② 불성실한 태도, ③ 달콤한 이야기' 다.

이런 징후가 보이면 분식을 의심해야 한다.

① 이상치 발생(기록의 이상치뿐 아니라, 사실의 이상치에도 유의해야 한다.)

분개장(특히 결산 분개)을 살펴보다가 이상한 분개를 발견할 때가 있다. "분개의 근거 자료를 보여 주십시오."라고 담당자에게 요청해도 근거 자료나 서류를 제출하지 않는 경우, 근거 없는 수치를 분개 계상했을 가능성을 의심해야 한다.

또한, "이것이 분개 계상의 근거 자료입니다."라며 청구서 사본을 제시하는 경우도 있다. 대부분은 담당자가 세심하게 준비한 자료겠지만, 개중에는 위조한 자료도 있다(이전에 노노카와 선생님과 함께 조사하던 회사에서 정기예금증서를 위조한 적도 있다).

그 외에 임직원이 자주 바뀌는 등 현장에 이상치가 존재하는 경우, 직위를 이용한 공포정치(이것이 부정의 동기·압박이 된다.)가 발생할 가능성이 있으므로 주의해야 한다.

② 불성실한 태도

인간성도 회계에 나타난다. 임직원의 도덕성이 낮으면 공과 사를 구분하지 못해서 회계부정이 발생할 수 있다. 고객 클레임이 자주 발생하면 고객과 부정한 결탁을 하게 될 수도 있다. 또한, 공동 견적을 내야 하는 거래인데도 항상 한쪽 업자 단독으로 실행한다면 주의가 필요하다. 누군가가 업자에게서 개인적으로 리베이트를 받고 있을 가능성이 있기 때문이다. 그 외에, 뚜렷한 이유 없이 재고감모손실을 계상하거나(부정 은폐의 가능성 있음), 회사의 이익에 반하는 거래를 한다는 소문이 있는 경우에도(재고자산이나 기밀 데이터가 흘러나왔을 가능성이 있음) 주의해야 한다.

③ 달콤한 이야기

비현실적인 기대 실적을 입 밖에 내거나(부정 은폐의 구실일 가능성이 있음), 이상하리만큼 좋은 조건으로 거래를 진행하는(부정이 관여되었을 가능성이 있음) 등 상식에 비춰 '있을 수 없는 일'에는 각별히 주의해야 한다.

이런 ①~③의 징후를 발견하고 조금이라도 의문이 생긴다면, 담당자를 불러 사정을 청취하는 등 실태를 해명하는 것이 회계 드레싱을 막는 일이다.

회계부정 발생의 징후를 포착한다(2) 횡령 발생의 세 가지 경보

회계부정에는 횡령도 포함된다. 환금성 높은 자산을 유용함으로써 회사에 손실을 끼치는 횡령의 경우, 행위자에게서 '① 금적적인 어려움, ② 불성실한 태도 ③ 신분에 어울리지 않는 생활' 등 '횡령 발생의 세 가지 경보'의 징후가 반드시 발견된다.

① 금적적인 어려움

직원이 금전적인 면에서 곤란을 겪고 있으면 횡령 실행의 동기로 작용할 가능성이 있다. 직원이 회사에서 빚 독촉 전화를 받거나 전화상으로 변제 기한을 연장해 달라고 채권자에게 부탁하는 장면을 보게 되면, 위험한 징후라고 생각해도 좋다. 동료에게서 소액을 자주 빌리는 경우에도 주의가 필요하다.

② 불성실한 태도

진실 추구에 협조하지 않는 경우에는 무언가를 숨기고 있을 가능성이 있다.

"이 점에 관해서 설명해 주십시오."라고 합리적인 요청을 했을 때, "왜 그런 걸 물어보십니까?"라고 초조하게 대답하는 경우, 질문에 비합리적으로 설명하는 경우, 자신의 혐의를 벗기기 위해 다른 사람을 비판하는 경우, 자료의 모순을 감추기 위해 데이터를 바꾸는 경우, 자료를 감추는 경향이 있는 경우, 인간성을 의심할 만한 행동을 하는 경우 등에는 주의가 필요하다.

또한, 항상 초과근무를 하는 경우, 휴가를 가라고 해도 절대 가지 않는 경우, 승진을 시켜 주겠다는데도 퇴직하는 경우, 남이 자신의 서랍이나 사물함을 열어 보면 화를 내는 경우, 자신의 파일을 절대 보여 주지 않는 경우에도 의심해 볼 필요가 있다.

③ 신분에 어울리지 않는 생활

자신의 수입에 비해 호화로운 생활을 하는 경우에도 주의해야 한다. 자금원이 분명하지 않는 한 횡령의 가능성을 의심할 수 있기 때문이다. 도박을 자주 하거나, 거액의 유가증권을 구입하거나, 거액의 현금을 항상 가지고 다니거나, 고급 레스토랑과 바에 자주 출입하거나, 거래처를 통해 고급차와 귀금속 등 고액의 물건을 구입하는 경우에는 각별히 주의해야 한다.

이런 ①~③의 경향이 임직원에게서 발견되면 증거 인멸을 시도할 가능성이 있으므로 유의해야 하고, 자금 거래를 수반하는 재무·경리 등에서 다른 부서로 배치전환하는 대처가 필요하다.

문호 괴테가 절찬한 복식부기

실제로 부정행위자가 어떻게 회계 드레싱을 만들어 내는지 살펴보겠다. 이 책의 사례에서도 여러 가지 회계 드레싱의 맛(=수법)을 보았는데, 실제 내가 맞닥뜨린 회계부정도 무척 다양했다. 여기에서는 일반적으로 어떤 회계부정 수법이 있는지 『상장회사의 부정 조사에 관한 공표 사례 분석』에서 인용해 보겠다.

회계부정(분식·횡령)의 수법
- 경영 실적 조작과 기타 목적을 위해 가공 분개 기장을 한다(특히 결산일 직전에).
- 계정 잔액의 견적에 사용하는 가정과 판단을 부적절하게 변경한다.
- 회계기간 내에 발생한 거래와 회계 사안을 재무제표에 기입하지 않거나, 기입을 일찍 또는 늦게 한다.
- 재무제표에 기록하는 금액에 영향을 미칠 가능성이 있는 사실을 은폐하거나 공개하지 않는다.
- 회사의 재정 상태 또는 경영 실적을 부실하게 표시하기 위해 일부러 복잡한 거래를 시행한다.
- 통상적이지 않은 거래에 관한 기록과 조건을 변조한다.

이는 모두 장부와 기록을 조작하는 수법이다. 이런 회계 드레싱이 발각되는 이유는 '복식부기'의 효과 때문이다.

매일 이루어지는 거래를 기록하는 기업회계에서는 복식부기를 기본으로 한다.

복식부기란 차변과 대변의 균형을 맞추어 기록하는 방법으로, 문호 괴테는 소설 속 등장인물의 입을 빌려 '인간의 정신이 낳은 최고의 발명'(『빌헬름 마이스터의 수업 시대』)이라고 복식부기의 탁월함을 칭찬한다.

'장사를 할 때 복식부기로 정리하면 넓은 시야를 지닐 수 있다. 복식부기가 상인에게 가져다주는 이익은 셀 수 없을 정도다.'

이 복식부기는 후쿠자와 유키치(福沢諭吉)가 1873년에 출간한 『장합지법(帳合之法, 장부 기입법)』을 통해 처음으로 일본에 소개되었다. 유서 깊은 '서양식 부기'인 셈이다.

복식부기에서는 한쪽을 맞추면 다른 한쪽도 맞춰야 하는 상태가 되어야 한다. 따라서 장부와 기록에 회계부정의 흔적이 남게 된다.

후쿠자와 유키치도 당황한, 관청과 정치자금에 관한 뒷이야기

한편, 최근 화제에 오른 것이 관청에서 사용하는 '공회계'다. 공회계는 아직까지 '불완전한 부기'인 '단식부기'를 사용한다.

단식부기는 용돈기입장이나 가계부를 떠올리면 쉽게 이해할 수 있다. 단식부기로도 돈이 늘었는지 줄었는지 결과를 파악할 수는 있지만, 어떻게 돈이 늘고 줄었는지 그 원인과 과정까지는 알 수 없다는 단점이 있다. 복식부기와 달리 한쪽을 맞추면 다른 쪽도 자동으로 맞춰지기 때문에 비교적 쉽게 분식과 횡령을 할 수 있다(그래서 아내가 남편 몰래 비상금을 꼬불쳐서 자기 친구들하고만 맛있는 식당에 갈 수 있는 것이다!).

실제로 지바 현에서는 2007년도까지 단 5년 동안 약 30억 엔이 가공 발주 등의 수법으로 부적절하게 공금 처리되어 뒷돈과 횡령으로 증발했다.

또한, 정치자금을 둘러싼 소동도 '불완전한 부기' 시스템이 그 뿌리에 있다고 생각한다. 정치자금의 경우, 한정적으로 자금 수지를 계상·기장하는 '부분단식부기'가 문제의 본질을 한층 더 흐리게 만들었고, 부정 자금 조달에 큰 역할을 담당했다고 할 수 있다.

그러나 이런 부정한 공금과 정치자금의 배경에 단식부기 문제가 존재한다는 사실을 아는 사람은 거의 없는 것이 현실이다(특히 지방 공공단체의 회계부정을 박멸하기 위해 현재, 일본공인회계사협회가 공회계에 복식부기를 도입하라고 주장하고 있다).

문호 괴테는 소설의 등장인물을 통해 다음과 같이 말했다.

'정리만 잘하면 언제든지 전체적인 모습을 살펴볼 수 있다. 훌륭한 경영자라면 경영에 복식부기를 도입해야 한다.'

관청을 비롯한 공회계 분야에서 정치가와 관료들이 회계의 소양을 갖추고 경영자로서의 자신을 자각하면, 복식부기를 앞다퉈 도입할 것이라고 생각한다……

횡령과 회계 드레싱의 여덟 가지 수법

또 하나의 회계 드레싱인 횡령의 수법을 설명하겠다.

횡령은 자산의 분실 또는 정당한 승인 없는 담보 제공 등의 사실을 은폐하기 위한 허위·부정 기록과 증빙 서류를 수반하는 경우가 많다.

① 수취금의 착복(예를 들어, 거둬들인 외상금을 유용하는 일, 상각 회수금을 개인 은행계좌로 입금시키는 일 등)
② 물적 자산의 절도 또는 지적 재산의 도용(예를 들어, 재고자산을 개인용이나 판매용으로 훔치는 일, 사진을 재판매용으로 훔치는 일, 경쟁 상대와 공모해서 기술적인 데이터를 흘리는 일 등)
③ 회사가 제공받지 않은 재화나 서비스에 대한 지불(예를 들어, 가공 판매처에 돈을 지불하는 일, 높은 가격에 구입하고 리베이트를 받는 일, 가공 직원에게 급여를 지급하는 일 등)
④ 회사 자산의 사적인 이용(예를 들어, 회사 자산을 개인 또는 관련자의 차입금 담보로 제공하는 일)

이처럼 매우 다양한 수법으로 분식과 횡령 등 회계 드레싱이 이루어진다. 이를 '회계부정의 여덟 가지 수법'으로 정리할 수 있다.

회계부정의 여덟 가지 수법

① 매출을 앞당겨 계상한다.
② 매출을 가공 계상한다.
③ 비용을 늦춰서 계상한다.
④ 비용을 계상하지 않는다.
⑤ 자산의 평가를 높인다.
⑥ 자산을 가공 계상한다.
⑦ 부채의 평가를 낮춘다.
⑧ 부채를 계상하지 않는다.

회계 드레싱을 만들어 낼 수 없도록 한다

지금까지 여러 가지 각도에서 회계부정이 발생하는 세 가지 메커니즘(① 동기·압박, ② 기회, ③ 자세·정당화), 부정행위자의 특성과 아홉 가지 유형, 분식 발생의 세 가지 경보(① 이상치 발생, ② 불성실한 태도, ③ 신분에 어울리지 않는 생활), 회계부정의 여덟 가지 수법 등을 발생 특성에 따라 설명했다.

지금부터는 'Method 1. 회계 드레싱이 만들어지는 방식, 부정 발생의 메커니즘'을 토대로, 회계 드레싱을 만들어 낼 수 없도록 하는 회계부정 방지 메커니즘을 생각해 보겠다.

그림 17을 보기 바란다. 이 그림에서 알 수 있듯이, 회계 드레싱(=회계부정)을 방지하기 위해서는 '회계부정 방지의 일곱 가지 도구'와

'회계부정 방지를 뒷받침하는 두 가지 의식 개혁'이 필요하다.

회계 드레싱을 만들어 낼 수 없도록 하는 일곱 가지 도구

이 책에서 다룬 많은 회사가 증권거래소에 제출한 개선 보고서와, 사내조사위원회 및 외부조사위원회가 정리한 조사 보고서에는 두 번 다시 똑같은 회계부정을 발생시키지 않기 위한 대책으로서 '회계부정 방지의 일곱 가지 도구'가 실려 있다.

① 모니터링(감시, 감사)

회계부정 방지라는 관점에서는 경리·업무 양쪽 면을 모두 감사하는 기능이 강화되어야 한다. 감사부원의 증원, 그룹 각 회사에 대한 상근감사 설치 확대(자회사가 있는 경우), 현장과 다른 눈높이·가치관·입장에서 현장의 문제점을 조기 발견하기 위한 정기적·계획적인 순회감사 실시, 내부감사실의 권한 강화(예를 들어, 최근 중시되는 '불시 감사' 실시 권한 부여) 등이 전형적인 대책이다.

그 외에, 그룹 임직원의 감사 협력 의무 명시, 개선 지적 사항에 대한 그룹 각처의 대응 의무 규칙화, 그룹 각 회사의 내부감사 부문에 대한 모회사 감사 부문의 지도·조언·지원 정비와 운용, 감사 법인이나 공인회계사와의 연대 강화(자회사를 포함한 그룹 각 회사에 대한 감사 일수 증가, 감사 대상 자회사의 범위 확대 등)도 중요하다.

그룹 내의 IT 기반 정보 시스템 기능을 총괄하고, IT 통제 및 IT 구

그림 17. 회계부정 방지 메커니즘

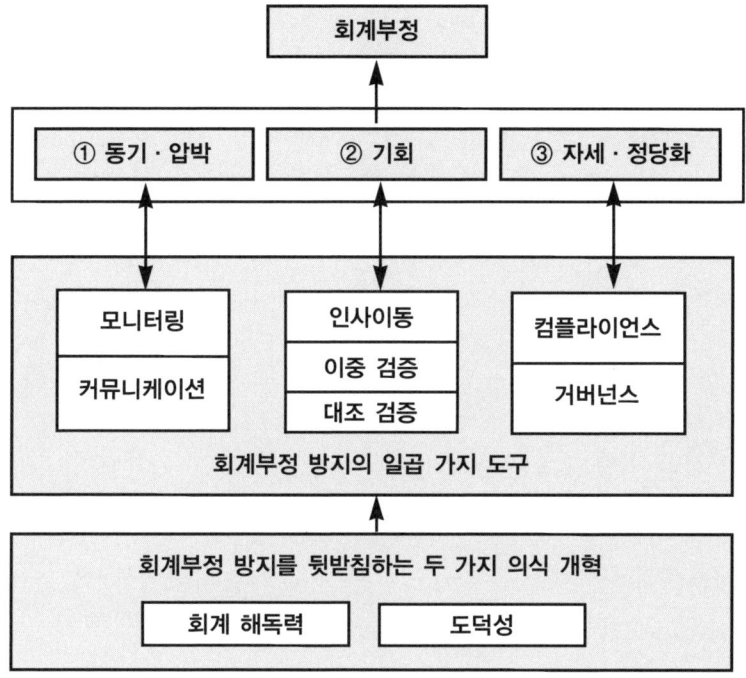

축 지원 체제를 강화하는 일도 하나의 과제라 할 수 있다.

② 커뮤니케이션(대화, 교류)

인간관계가 무너지고 있는 현대사회에서 가장 중시해야 할 항목이라고 할 수 있다.

어느 회사의 사장은 '아침에 여는 조례가 회사의 원동력'이라고 말할 정도다. 전원이 참가하는 조례 외에 체육대회 등의 레크리에이

선으로 전 회사 차원의 교류를 실시하고, 그룹 차원의 인재 교환을 실시하며, '인사 잘하기 운동'을 시행하거나 정기적으로 경영 과제 해결의 자리를 마련하는 등 임직원 상호 간의 커뮤니케이션 기회를 확충해야 한다. 또한, 상사와 부하의 커뮤니케이션을 통해 서로 수긍할 수 있는 목표를 설정하고, 명확한 기준을 토대로 실적 평가를 실시할 수 있도록 인사평가 방법을 개선(평가 지표 재검토, 평가자 훈련, 평가 지표 개선 등)하는 일도 소통이 잘 되는 조직을 만드는 데 중요하다.

③ 인사이동(배치전환, 직무 이동)

한 사람이 장기간 동일 부서에서 동일한 내용의 직무를 담당하면 회계부정의 온상이 된다. 인사이동 규칙을 명확히 세우고, 정기적인 배치전환이나 직무 이동(담당자는 3년 정도, 사장 이하 경영관리자는 6년 정도)을 반드시 실시해야 한다.

④ 이중 검증(담당 라인에서 상사의 승인)

회계부정 방지의 요점은 검증 체제를 구축하는 데 있다. 일상적인 경리 처리, 계정 처리, 사무 처리를 상사가 반드시 검증하는 것은 물론, IT 통제 등으로 자동 통제하는 방법도 고려해야 한다.

⑤ 대조 검증(여러 가지 정보원을 통한 검증, 다른 담당 라인에서 재검증)

각 부서에서 일상적으로 검증하는 것은 물론, 다른 관점에서 검증하는 일도 회계부정을 방지하는 데 중요하다. 평소에 손익계산서(PL)를 중심으로 결산서를 검증했다면, 다음에는 회계부정의 흔적이 나타나는 대차대조표(BS)를 중심으로 결산서를 검증하는 것이다. 사분기 결산을 할 때마다 각 사업부의 대차대조표 항목을 재무·경리부가 아닌 다른 회사나 다른 담당 라인에서 철저히 재검증하는 일은 회계부정 방지에 효과적인 대책이다.

⑥ 컴플라이언스(준법정신, 법령 준수)

소통이 잘 되는 조직을 만들고 회계부정을 방지하기 위해서는 회계부정이나 회계부정이 의심되는 부분을 임직원이 수시로 직접 보고할 수 있도록 핫라인을 설치하는 것도 좋다. 이때 핫라인의 존재를 사내에 널리 홍보해야 한다 (인트라넷에 공지하거나 연수회에서 소개한다).

개인적으로 '고자질'은 마음에 들지 않지만, 신고자를 보호하고 조직의 안전을 지키는 내부통제 제도를 구축하는 일(사내에 구축해도 좋고, 변호사나 공인회계사 사무실 등 외부에 구축해도 좋다.), 컴플라이언스 상담 창구를 설치하는 일(임직원에 대한 정기적인 교육)은 필요하다. 또한, 재발 방지를 위한 체제로서 컴플라이언스 담당 임원을 배치해서 '재발방지위원회'를 설치하는 등, 이미 일어난 회계부정을 돌이켜 보며 정기적으로 개선 상황을 보고하는 자리를 마련하는 일도 필요하다.

회사 차원에서 무엇을 우선시하고 무엇을 실행할지 그 판단 기준과 행동 기준을 명확히 정하는 일도 중요하다.

그룹의 통일된 컴플라이언스 규칙을 제정·적용하고, 전 임직원이 적절하고 성실한 행동을 할 수 있도록 공통된 가치관과 윤리관을 구체화한 '행동 기준'과 '사훈'을 제정해서 철저히 준수하는 일도 회계부정을 박멸하는 데 필수다.

⑦ 거버넌스(기업 통치, 기업 관리)

기업 통치와 기업 관리를 위해서는 누구에게 어떤 권한이 있는지 분명하게 정할 필요가 있다. 그래서 경영기획부가 사내 홍보와 인트라넷을 이용해서, 관리와 운용을 중심으로 작성한 '의사 결정, 권한 기준', '의사 결정 항목 일람표' 등을 전 회사에 구석구석 알리는 일이 중요하다.

또한, 신규 사업을 벌일 때 기존 사업에서 회계부정이 있었던 경우, 검증 기능이 제대로 작동하도록 업무 흐름을 재구축하는 일도 회계부정을 박멸하는 데 필요하다.

회계 드레싱을 만들어 낼 수 없도록 하는 두 가지 의식 개혁

회계부정은 소통이 잘 안 되는 조직에서 일어난다. 따라서 앞서 설명한 '회계부정 방지의 일곱 가지 도구'를 활용해서 소통을 잘 시키는 일이 회계부정 방지에 중요하다고 할 수 있는데, 그 뿌리에는 ① 회계 해독력, ② 도덕성'이라는 '회계부정 방지를 뒷받침하는 두 가지 의식 개혁'이 있어야 한다.

① 회계 해독력(회계 직관력)

회계 해독력이나 회계 직관력은 내가 직접 만든 단어다. 이들 단어의 요점은 '결산서의 어느 부분을 보면 어떤 점을 알 수 있는지'에 관한 지식을 익혀야 한다는 데 있다.

회계 해독력(=결산서를 읽는 힘)을 갖춘 경영관리자는 회계부정의 리스크가 어느 곳에 숨어 있는지, 어떻게 하면 회계부정이 방지되는지 지혜(=회계 직관력)를 떠올릴 수 있다. 그래서 회계부정을 실질적으로 방지하고 피해를 최소한으로 막을 수 있다.

결산서는 비즈니스의 지도다. 그 지도를 읽지도 않고서 비즈니스라는 망망대해를 건너려는 일은 참으로 무모한 짓이다.

비즈니스가 글로벌화됨으로써 복잡해지고 국제회계기준까지 등장한 현실을 보더라도, 비즈니스의 커뮤니케이션 규칙인 회계를 사장 이하 모든 경영진이 철저히 익히는 일은 필수라고 하겠다.

② 도덕성(본질을 꿰뚫어 보는 힘)

이 책의 사례에서도 알 수 있듯이, '언뜻 문제가 될 것 같지 않다'는 생각으로 회계부정에 손대는 사람이 적지 않다. 하지만 본질을 꿰뚫어 보는 힘(=도덕성)이 갖춰져 있다면 '표면적으로는 문제가 없겠지만 전체적으로 보면 역시 잘못이다. 윤리에 반한다.'라고 느낄 것이다.

도덕은 '사람의 마음속에 있는 자발적 규범'이다. 본질이 무엇인지 꿰뚫어 보는 힘을 이해하면 의식 개혁이 가능하다.

예를 들어, '회계부정 방지의 일곱 가지 도구' 중 '⑥ 컴플라이언스'에서 소개한 '사훈'을 제정하고 카드 한 장에 적어 전 임직원에게 배포한 후 수시로 들여다보게 하거나, 조례를 할 때 한목소리로 외치도록 하는 것도 효과적이다(호텔 리츠칼튼이 사훈과 기업 이념을 전 임직원에게 이해시키는 데 성공해서 높은 수익을 올린 이야기는 유명하다).

도덕성을 향상시키기 위해 전 임직원을 끈기 있게 교육해서 윤리관을 심어 주는 등 의식 개혁을 지속하는 일이 회계부정을 방지하는 데 필수다.

Method

'떫은맛의 회계 드레싱'
불행하게도 회계부정이 일어났다면

지금까지 나는 20여 년 동안 회계사 생활을 하면서 다양한 경험을 했다.

그중에서도 회계부정과 맞닥뜨린 일은 무엇보다 강하게 인상에 남는다.

어떨 때에는 당사자가 "분식을 눈감아 주십시오……." 하며 애원하기도 했고, 어떨 때에는 내가 법정에서 증언해서 상대방을 궁지에 몰아넣기도 했다. 이처럼 나는 특명회계사로서 다양한 경험을 쌓았다.

이번 메소드에서는 『상장회사의 부정 조사에 관한 공표 사례 분석』 등을 참고해서 불행하게도 회계부정이 발각되었을 때의 조사 방법, 뒷정리, 보고 등 회사가 취해야 할 대응책에 관해 설명하겠다.

회계 드레싱이 발각되는 여섯 가지 패턴

회계부정은 다음의 여섯 가지 패턴으로 발각된다.

① 회계감사인의 지적

상장회사나 큰 회사(자본금 5억 엔 이상 또는 부채 총액 200억 엔 이상)의 경우, 공인회계사의 회계감사를 계기로 발각되는 경우가 있다. 또한, 세무조사, 행정기관의 입회 검사 등으로 회계부정의 가능성을 지적당하는 경우도 있다(시니어커뮤니케이션은 감독관청의 임의 조사로, 히로시마가스는 자회사의 세무조사로 회계부정이 발각되었다).

② 사내감사로 인한 발각

회사에서는 내부감사실과 감사가 감사를 실시한다. 이 과정에서 회계부정이 발각되는 경우도 있다(JVC켄우드는 경영 회의에서 다룬 경영 과제를 조사하는 과정에서, 아시아항측은 경리부의 사내조사에서 회계부정이 발각되었다).

③ 후임 인사에 수반되는 조사

조직 재편 등으로 주주 구성에 변동이 생기고 경영지배권이 이동할 때, 경영진이 새로이 바뀔 때, 인사이동으로 오랫동안 한 업무를 담당한 사람이 새로운 담당자로 교체될 때에 전임자의 경영·관리·사무를 승계하기 위해 조사가 이루어짐으로써 회계부정이 발각될 수도 있다(노리타케에서는 '⑥ 회계부정 당사자의 자백'이 어우러지는 형태로 부정이 발각되었다).

④ 일상적인 거래에서 발각

통상적이고 정형적인 거래가 이루어지는 가운데 비정상적인 거래가 포함되는 경우 업무상 견제 기능이 효과적으로 기능하면, 다른 업무 담당자가 이상한 낌새를 눈치채고 회계부정과 오류를 발견할 수도 있다(긴테쓰에서는 자회사에서 거액의 보유 자금이 감소한 이유를 조사하는 과정에서 회계부정이 발각되었고, 이를 계기로 이루어진 사내조사에서 또 다른 회계부정이 발각되었다. '② 사내감사로 인한 발각'이 어우러지는 형태로 거액의 회계부정 사건이 판명된 것이다).

⑤ 사내·사외로부터의 신고

사내나 사외로부터 신고나 문서가 접수되어 회계부정이 발각되는 경우도 있다. 요컨대 '밀고'로 발각되는 것이다. 일본에서는 이런 사례가 소수지만, 밀고가 활성화된 미국에서는 절반 정도의 회계부정이 밀고로 발각된다. 앞으로 일본에서도 밀고가 증가할 것으로 보인다(이 책에서 밀고 사례는 다루지 않았다).

⑥ 회계부정 관여자의 자백

'더 이상 회계부정을 은폐하기는 무리다…….'

이렇게 생각한 회계부정 관여자가 스스로 상사에게 자백하는 경우도 있다(로손엔터미디어에서는 관여자의 자백으로 회계부정이 발각되었다).

그런데 회계부정을 조사하는 단계에서는 자백을 한 회사나 부서만 조사 대상으로 삼아서는 안 된다는 점에 유의해야 한다. 긴테쓰처럼 전 회사 차원에서 회계부정 리스크가 없는지 긴급 앙케트를 실시하는 등 회계부정 발생의 징후를 포착하려는 움직임도 필요하다.

회계 드레싱 파악법

회계부정이 발각되면 피해를 확대시키지 않기 위해 얼른 대책에 나서야 한다. 부정행위자도 회계부정의 증거를 은폐하려고 하기 때문이다. 그래서 신속히 '회계부정의 개요를 파악'하고 '증거를 보존'하는 일이 중요하다.

특히 최근에는 IT 환경이 널리 보급되었기 때문에 이메일이나 휴대전화 메시지가 유력한 증거가 될 수 있다.

스모계를 시끄럽게 한 승부 조작 사건에서도 휴대전화 메시지가 움직일 수 없는 증거였다는 점은 기억에 새롭다. 한편, 이메일이나 휴대전화 메시지를 삭제해서 회계부정의 흔적을 없애는 일도 자주 일어난다. 이메일이나 휴대전화 메시지를 삭제했어도 특수한 소프트웨어를 사용하면 거의 완벽한 형태로 복원할 수 있지만, IT를 잘 아는 사람이라면 완전히 삭제해서 부정의 흔적을 지울 수도 있다.

증거를 보존하고 회계부정의 전모를 밝히기 위해서는 초동 조사가 관건이다. 사내 컴플라이언스부나 내부감사실이 이런 대응에 나서는 것이 통상적이다.

회계부정 발각 후, 신속히 회계부정의 개요를 파악하고 사내조사위원회를 설치해서 더욱 세밀하게 회계부정을 조사하게 된다.

사내조사의 주요 활동 내용
① 회계부정의 내용 파악
② 회계부정의 원인과 동기 해명
③ 회계부정 관여자 파악
④ 관련자 처분안 검토
⑤ 재발 방지책 검토
⑥ ①~⑤에 관해 이사회에 보고

사내조사위원회의 실효성을 담보하기 위해, 이를 감시하는 기능을 부여받은 외부조사위원회를 거의 동시에 설치하는 것이 일반적인 회계부정 조사의 흐름이다.

회계부정의 개요를 파악한 결과 피해액이 소액이고 그 영향도 미미하다고 판단하면, 사내 인재로 구성된 사내조사위원회만 설치하는 경우도 있다. 한편, 사내조사위원회를 설치하지 않고 곧바로 제삼자 전문가로 구성된 외부조사위원회를 설치하는 경우도 있다.

이 책의 사례에서는 혼다기연공업, 아시아항측, 노리타케가 사내조사위원회의 조사 보고만 했다. 하지만 이들 사례에서도 공인회계사와 변호사를 자문 역할로 참가시켜 외부 전문가의 의견을 참조하는 형태로 조사 보고서를 작성했다. 회계부정 사건이라는 중대성을 감안하면 공인회계사, 변호사, 경찰, 학자 등의 전문가를 회계부정 조사위원회의 구성원으로 참가시켜서 회계부정 조사 보고의 주관성을 배제하는 일이 중요하다고 할 수 있다.

덧붙여, 메르시앙의 회계부정 사건에서는 사내조사위원회 구성원으로 변호사 14명, 회계와 IT 전문가 18명, 재무·감사·시스템의 각 담당 사내 임직원 48명을 참가시켜 사내조사를 실시했다. 그리고 이 사내조사에 대한 지도·조언 및 조사 결과의 검증을 목적으로 변호사 10명, 공인회계사 8명으로 구성된 제삼자위원회도 독자적으로 조사하게 함으로써 총 100여 명의 대규모 조사단을 꾸려서 공정성을 담보했다.

회계부정의 세 가지 경향과 사내조사의 다섯 가지 어려움

사내 임직원이 주체가 되는 조사위원회의 경우, 전문가로 구성된 외부조사위원회에 비해 조사 능력이 떨어진다. 잘못된 가설을 세우는 바람에 조사 대상의 범위와 기간을 제대로 결정하지 못하기도 하고, 회계부정의 영향액을 과소평가하는 사례도 나온다.

또한, 회계부정 조사는 평상시에 지속적으로 이루어지는 것이 아니니다. 따라서 사내조사는 비일상적인 업무가 되는 것이 보통이며, 조사 수법에 관한 노하우도 축적되지 않는 경우가 많다.

 최근의 회계부정은 ① 수법의 복잡화(회계부정이 단독이 아닌 공모로 벌어지면 회계부정의 수법이 복잡해질 가능성이 있다.), ② 실행의 장기화(관련 서류가 조작되고 회계부정 수법이 복잡해지면, 회계부정은 장기화되어 발견되지 않을 가능성이 있다.), ③ 영향액의 거액화(회계부정의 수법이 복잡화·장기화되면 영향액은 거액이 될 가능성이 높다.) 경향을 보인다.

 따라서 회사 단독으로 실시하는 사내조사에는 다음과 같은 다섯 가지 어려움이 있다.

 ① 독립성, 외부성, 객관성을 확보하기 어렵다

 사장 등 상위 경영관리자가 관여한 회계부정에서는 사내조사의 독립성, 외부성, 객관성을 확보하는 데 어려움이 따른다. 회계부정 조사 과정에서 회계부정 관여자인 경영관리자의 의향이나 지시가 반영될 가능성도 있다. 예를 들어, 회계부정을 인정하는 조건으로 승진 등 인사 면의 처우 개선을 제안함으로써 조사 절차를 무력화시킬 수 있다.

 ② 가설 검증 접근법의 노하우가 부족하다

 내부통제에서 발견할 수 없는 회계부정의 조사는 이번 메소드에서 나중에 언급하게 될 '회계 드레싱에 대응하는 네 가지 접근법'이라는 가설 검증 접근법으로 실시한다. 이는 사내감사의 리스크 접근법과는 다르기 때문에 사내에 축적되지 않는 노하우가 필요하다.

③ 회계부정을 신속하게 해명하기 어렵다

회계부정은 복잡화・장기화・거액화되는 경향인 반면, 회계부정 조사는 증거 보존과 적시 공개를 위해 단기적이 될 수밖에 없다. 실제로는 3개월 이내에 조사가 종료되는 것이 일반적이다. 사내 임직원을 구성원으로 하는 조사위원회의 경우, 선임된 위원은 일상 업무와 겸해서 조사 업무에 임해야 한다. 일상 업무를 중단시키고 조사 업무에 인재를 투입하는 일은 현실적으로 어렵다. 그런 상황에서 한정된 기간 내에 조사 결과를 보고해야 한다는 시간적 제약이 있다.

④ 회계부정의 실태에 관해 불명확한 보고를 하기 쉽다

비교적 작은 규모의 회사에서 사내조사를 할 경우, 회계부정을 철저히 규명하겠다는 의식과, 그로 인해 상장폐지가 될지 모른다는 위기의식이 공존한다. 위기의식이 강하면 불명확한 보고를 하게 될 가능성이 있다.

⑤ 회계부정 조사에 대한 주주의 우려가 있다

사내에서만 벌이는 회계부정 조사는 위와 같은 문제와 어려움 외에, 투자가를 포함한 이해관계자로부터 회계부정이 충분히 해명될지, 시정 조치가 효과적일지에 관해 우려가 나올 수 있다.

이런 ①~⑤와 같은 사내조사의 한계 및 다섯 가지 어려움을 이해한 후, 조사위원회를 사내 임직원으로 한정할지, 제삼자에게 맡길지를 잘 판단해야 한다.

전문가에게 거는 다섯 가지 기대

회사나 회계부정 관여자로부터 독립된 제삼자로 외부조사위원회를 구성하면 사내조사위원회의 한계를 극복함으로써 회계부정 조사 보고의 신뢰성을 갖출 수 있으며, 다음과 같은 점을 기대할 수 있다.

① 독립성, 외부성, 객관성을 확보할 수 있다

조사 대상 회사와 이해관계를 지닌 구성원이 없으므로 제삼자로서 중립적인 입장에서 의견을 말할 수 있다.

② 가설 검증 접근법을 실행할 수 있다

가설 검증 접근법의 노하우를 축적한 전문가가 회계부정 조사에 임할 수 있다.

③ 인재를 투입해서 회계부정을 신속히 해명할 수 있다

회계부정 조사에 인재를 집중적으로 투입할 수 있다.

④ 회계부정 실태 해명을 위한 조사를 원활히 실시할 수 있다

사내조사는 '자신들의 치부를 들추는' 일이므로 적극적으로 조사를 벌이기 힘든 면이 있다. 특히, 경영자나 상위 관리자가 회계부정에 관여했을 가능성이 높은 경우에는 더욱 그렇다.

노노카와 유키오 선생님의 말씀을 빌리면, '경험 있는 감사 전문가에게는 즉흥적인 거짓말이 통하지 않는다.' (노노카와 유키오 저, 『계정 항목별 이상점 감사의 실무』)라고 한다.

공인회계사를 외부조사위원회의 구성원으로 채용해서 외부에서 일정한 압력을 가하면 진상을 쉽게 밝힐 수 있는 법이다.

⑤ 직업적 회의심 및 비판성에 의한 대외적 신뢰성을 확보할 수 있다

④에서처럼 사내조사의 경우, 엄정한 조사가 이루어지기 어렵다는 우려가 있다. 독립된 제삼자가 조사 구성원이 되면, 회계부정 조사 범위를 결정하는 데서부터 결과 보고에 이르기까지 조사위원회의 모든 절차에 직업적 회의심을 품고 비판적으로 점검할 수 있다.

앞에서 설명한 '회계부정의 세 가지 경향과 사내조사의 다섯 가지 어려움', 회계부정의 규모와 수법의 복잡성, 외부조사에 따른 경제적 부담, 회사의 사회적 책임 등을 감안해서 회계부정 조사위원회를 어떻게 구성할지 잘 판단해야 한다.

그리고 사외임원의 경우, 회계부정의 상황에 따라서는 자신의 감독 책임 문제를 회피하려는 행동을 취하는 등, 회계부정 조사 구성원으로서 부적절하다는 사실도 고려해야 한다.

외부 조사기관이라고 부를 수 있으려면, 회사의 사정에 좌우되지 않는 '외부자'여야 하고, 사내의 어느 조직과도 얽혀 있지 않은 '독립성'을 갖춰야 하고, 회계부정 조사를 할 때 제약을 받지 않는 '제삼자'여야 하며, 구성원이 조직적으로 회계부정 조사에 임해서 회사에 자문하는 '기관'이어야 한다는 네 가지 요건을 만족해야 한다.

일곱 가지 회계부정 조사 절차와 흐름

회계부정 조사 절차에는 여러 가지가 있는데, 대표적인 것으로는 '① 보존 서류 열람, ② 증빙 대조, ③ 사정 청취, ④ 이메일과 휴대전화 메시지 분석, ⑤ 컴퓨터와 서버 내의 보존 데이터 해석, ⑥ 외부 지급 금액 확인, ⑦ 외부에 대한 조사'가 있다.

외부조사위원회를 설치한 경우에는 사내조사위원회에 대한 다음과 같은 절차도 시행한다.

- 사내조사위원회로부터 사정 청취
- 사내조사위원회의 조사 보고서 분석
- 사내조사위원회에서 제출한 자료 분석

또한, 외부조사위원회가 다음과 같은 독자적인 검증 절차를 시행하기도 한다.

- 회계부정을 직접 실행한 관여자로부터 사정 청취
- 임원으로부터 사정 청취
- 사내조사위원회로부터 입수한 자료 이외의 다른 자료를 분석
- 경영 회의 의사록 등 사내 문서를 수집·분석
- 삭제된 이메일을 포함한 임직원의 이메일 분석
- 전표와 증빙 등의 대조

이러한 회계부정 조사 절차에 따라 최종 성과물인 조사 보고서의 정밀도를 높이려는 관점이 중요하다. 또한, 일본변호사연합회에서 '현시점의 베스트 프랙티스(best practice, 가장 좋은 실행 방법)'로 규정·공표한 '기업에서 불상사가 일어났을 때의 제삼자위원회 가이드라인'도 참고할 수 있다.

회계 드레싱에 대응하는 네 가지 접근법

실제 회계부정 조사를 할 때에는 '정보 수집', '정보 분석', '가설 구축', '가설 검증' 등 '가설 검증 접근법'이라고 불리는 네 가지 접근법으로 회계부정 실태를 해명한다.

① 필요한 정보를 수집한다: '정보 수집'

회계부정 조사를 할 때 일반적으로 실시하는 정보 수집 방법은 증거 형태에 따라 다음과 같이 분류할 수 있다.

- 회계 데이터, 거래 데이터, 전표, 하드카피, 계약서, 장표 등을 입수
- 거래처 등에 확인(재고를 보관하는 외부 창고에 확인. 현지 재고조사도 포함)
- 외부에 검증 의뢰(외부와 공모한 경우에는 필수임)
- 전자매체의 수집과 복원(전문가에 의뢰할 것을 검토함)
- 회계부정 관여자 등의 PC(PC에는 흔적이 남는다), 공유 서버, 이메일 서버, 감시카메라 데이터 입수(출입 기록으로 회계부정 실행자를 특정할 수 있는 사례도 있다)
- 기타 정보 수집(외부와 공모한 경우에는 공모 상대의 홈페이지 등도 순환거래 가담자를 특정하는 데 유력한 정보가 될 수 있다)
- 직원, 거래처, 퇴직자 등과 인터뷰
- 대상 자산 등의 검증(시찰, 관찰, 실사 등)
- 공적 정보, 공적 문서(업계 동향을 파악할 수 있고, 이후에 '정보 분석'을 할 때 참고가 된다)
- 신용조사(다만, 중소기업이나 개인을 대상으로 한 신용조사에는 한계가 있다)
- 회계부정 관여자 등의 개인 통장(임의 제출)

최근에는 IT화가 정착되었기 때문에, 종이 매체뿐 아니라 전자 데이터를 회계부정의 증거로 채택할 수도 있다. 또한, 물적 증거뿐 아니라 인터뷰(=질문에 대한 대답)도 중요한 정보원이다.

② 입수한 정보를 분석한다: '정보 분석'

회계부정 조사를 할 때 일반적으로 실시하는 정보 분석 방법은 다음과 같이 분류할 수 있다.

- 재무 수치를 토대로 한 분석(특히 회계부정의 흔적이 남아 있을 가능성이 높은 대차대조표 항목에 유의한다.)
- 추세 분석(최근 5년 정도, 적어도 3년간의 연간 비교, 혹은 월별 추이를 비교)
- 회전기간 분석(매출채권, 구매채무, 재고자산, 고정자산 등의 회전기간 분석은 필수임.)
- 회계 데이터의 데이터 마이닝(평소에 잘 사용하지 않는 계정 과목에 유의한다.)
- 거래 데이터의 데이터 마이닝(평소에 잘 사용하지 않는 거래처 코드, 분개 패턴에 유의한다.)
- 재무 수치 이외의 분석(정량적인 회계 데이터에 눈이 쏠리기 마련이지만 직원 수 데이터를 분석하는 것은 가공 인건비를 알아내는 등의 효과가 있고, 정성적 데이터인 업계 동향을 분석하는 것도 효과적이다.)
- 각 데이터의 정합성 분석(매출은 올랐는데 이익은 오르지 않은 점 등에 유의한다.)
- 회계부정 리스크의 요인 분석(회계부정 방지라는 관점에서도 유의해야 한다.)
- 시계열 프로파일링(회계부정에서 일어난 사실을 시계열로 정리한다. 회계장부 보관 기간이 회사법에 10년으로 규정된 점을 고려해서 회계부정 조사 대상 기간을 정해야 한다.)

- 지리적 프로파일링(회계부정의 무대를 지리적으로 정리한다. 예를 들어, 홋카이도에서 시행한 공사에 오키나와에서 발행한 영수증이 첨부되어 있다면 혐의가 있는 셈이다. 혐의를 둔 장소 이외의 곳에서 회계부정이 일어났다는 사실도 파악할 수 있다.)
- 컴퓨터 해석, 키워드 검색(회계부정 실행자의 심리 중에는 정기적으로 회계부정을 은폐하려는 심리도 있다. 회계부정을 특정하는 키워드로 이메일을 검색하는 '디지털 포렌식'도 효과적이다.)

③ 회계부정 수단에 관한 가설을 구축한다: '가설 구축'

'① 정보 수집'을 충분히 하고 '② 정보 분석'을 토대로 'A이므로 B다.'라는 의심에 도달했다면, 회계부정 수단에 관한 가설을 구축한다. 그 가설을 입증할 수 있는지 검증하는 것이 회계부정 조사의 접근법이다. 구축한 가설을 입증할 수 없다면 그 가설을 폐기하고, 새로운 가설을 구축하기 위해 필요한 정보를 처음부터 다시 수집·분석하는 선택도 고려해야 한다.

④ 구축한 가설을 검증한다: '가설 검증'

① 정보 수집, ② 정보 분석, ③ 가설 구축이 끝났으면, 마지막으로 '누가(관여자), 언제(실행 기간), 어디에서(관여한 장소), 무엇을(목적), 어떻게(수단), 얼마나(영향) 부정을 저질렀는지', '가설 검증'의 사이클을 반복하면서 회계부정의 실태를 해명한다.

가장 중요하면서도 어려운 질문 기술

회계부정 조사에서 가장 많이 사용하는 중요한 절차가 '질문'이다.

부적절한 질문을 하면 필요한 정보를 얻을 수 없고 회계부정 조사에 커다란 걸림돌이 되기도 한다. 실체 해명을 위해 미리 물어볼 사항을 준비하고 그 대답을 논리적으로 활용해야 하는 매우 어려운 절차이며, 질문자의 수준에 따라 결과가 크게 좌우된다.

여기에서는 효과적이고 적확하게 '정보 수집을 하기 위한 질문 기술'을 설명하겠다.

회계부정 조사에서의 질문이란, 특정 목적으로 이루어지는 면접자와 피면접자 간의 대화이기 때문에 보통의 대화와는 다르다.

또한, 매뉴얼에 따라 필요한 대답만 얻을 수 있는 단순한 인터뷰도 아니다. 면접자와 피면접자 사이의 신뢰 관계를 기초로 핵심에 도달해 가는 매우 인간적인 커뮤니케이션 과정이라 할 수 있다.

특히, 회계부정 조사에서 정보 수집을 위한 질문은 도전적이거나 위압적이어서는 안 된다.

회계부정 조사원은 경찰처럼 강제수사권이 없기 때문에 피면접자의 호의적 협력 없이는 효과적으로 정보 수집을 할 수 없다. 다만, 경우에 따라서 피면접자에게 압박을 느끼도록 하는 것은 효과적이다.

또한, 피면접자의 거짓말, 뻔한 변명, 불성실한 태도에 면접자가 감정을 억누르지 못하는 경우도 있다. 그럴 때에는 일단 질문을 중단하고 잠시 쉬었다가 다시 질문하는 방법을 취해야 한다. 감정에 휘둘려 질문을 계속하면 피면접자의 반감만 살 뿐 아무것도 얻는 게 없으며, 오히려 해가 될 수도 있다.

질문을 하는 면접자는 항상 냉정하게 진위를 꿰뚫어 보고, 피면접자의 대답에 모순된 점이 없는지 주의를 기울여야 한다.

효과적인 질문 기법

『상장회사의 부정 조사에 관한 공표 사례 분석』에서는 정보 수집을 위한 질문 형식으로 '① 개방형 질문, ② 폐쇄형 질문, ③ 유도 질문, ④ 복잡한 질문' 등 네 가지를 소개한다.

① 개방형 질문(open question)
　대답 내용을 피면접자에게 맡기는 질문 형식이다.

- 주로 도입부에 사용하는 질문 ("무슨 일로 오셨는지 아십니까?")
- 구체적인 사례를 끄집어내는 질문 ("구체적으로 대답해 주시겠습니까?")
- 경과를 묻는 질문 ("그래서 그다음에 어떻게 됐습니까?")
- 감정을 묻는 질문 ("어떻게 느끼셨습니까?")

'② 폐쇄형 질문'처럼 '예', '아니요'로 대답하기 어려운 질문으로, 피면접자는 개방형 질문에 대답하기 위해 생각할 시간이 필요하다. 또한, '개방형 질문'에서는 '의문사형 질문'이라는 기법을 함께 사용한다. 의문사형 질문이란 '누가(관여자), 언제(실행 기간), 어디에서(관여한 장소), 무엇을(목적), 어떻게(수단), 얼마나(영향)' 회계부정을 저질렀는지 의문사를 붙여 질문하는 방법이다. 암시성이 없고, 피면접자가 자유롭게 대답할 수 있다는 점에서 뛰어난 질문 기법이다.

이런 의문사형 질문을 잘 활용해서 얻은 피면접자의 대답은 여러 가지 중요한 정보를 포함할 가능성이 높고, 앞으로의 대화를 더욱 깊어지게 만든다.

② 폐쇄형 질문(closed question)

상대방이 '예', '아니요' 혹은 짧은 문장으로 대답하게 되는 질문 형식이다.

- 선택형 질문 ("그 색깔은 빨간색입니까, 아니면 다른 색입니까?")
- 양자택일형 질문 ("그 색깔은 빨간색입니까, 검은색입니까?")
- 전제형 질문 ("그 구두 색깔은 빨간색이었습니까?")
- 부인형 질문 ("그 색깔은 정말 빨간색이었습니까?")
- 긍정형 질문 ("그 색깔은 빨간색이었군요.")
- 부정형 질문 ("그 색깔은 검은색이 아니었군요.")

'폐쇄형 질문'은 정확한 대답이 요구되는 질문으로 금액, 양, 날짜, 시간 등 특정적인 사항을 다룬다.

피면접자는 폐쇄형 질문에 대해 '예', '아니요' 혹은 짧은 문장으로 대답할 수 있기 때문에 피면접자가 질문에 대답하기 위해 생각할 시간이 '① 개방형 질문' 만큼 필요하지 않다. 피면접자가 대답하기에 힘들지 않기 때문에 면접자로서도 얻고 싶은 정보만 쉽게 얻을 수 있다는 장점이 있다.

그러나 폐쇄형 질문은 암시성이 강하고, 면접자 측의 생각을 강요하며, 피면접자의 반감을 살 수 있으므로 지나치게 자주 사용해서는 안 된다.

특히, 회계부정 관여자는 다른 범죄자와 달리 지능범이기 때문에 폐쇄형 질문만 계속하면 피면접자에게 면접자의 생각을 들킬 수 있다는 점에 유의해야 한다.

③ 유도 질문(leading question)

질문의 일부에 답이 숨어 있는 질문 형식으로, 이미 알려진 사실을 확인하기 위해 사용한다. '폐쇄형 질문' 과 마찬가지로, 암시성이 강하고 면접자의 생각을 들킬 수 있으므로 용법에 주의할 필요가 있다. 하지만 상황에 따라서는 효과적으로 사용할 수도 있다.

④ 복잡한 질문(complex question)

둘 이상의 주제가 포함되어 이해하기 어렵고, 복잡한 대답을 요구하는 질문 형식이다. 회계부정 조사에서는 피해야 한다.

마찬가지 이유로 피해야 할 질문 기법이 '총괄형 질문' 이다. 총괄형 질문이란 "이 회계부정에 관해 당신이 알고 있는 사항을 모두 말해 주십시오."라는 식의 질문 기법으로, 피면접자가 무엇을 이야기해야 좋을지 알 수 없다.

피면접자가 보통의 평범한 사람이라고 생각하고 질문해야 한다.

그러므로 복잡한 질문이나 포괄적인 질문은 피해야 하는 것이다.

정보 수집을 위한 질문, 12가지 포인트

원래 질문은 피면접자와의 커뮤니케이션을 심화함으로써 회계부정의 핵심을 찌르고 문제를 해결하는 데 목적이 있다.

여기에서는 회계부정 조사에서 질문할 때 유의해야 할 12가지 포인트에 관해 『계정 항목별 이상점 감사의 실무』, 『상장회사의 부정조사에 관한 공표 사례 분석』을 참고해서 설명하겠다.

① 반발심을 방지한다

피면접자가 알고 있는 사실을 가능한 한 정확한 정보로 입수하기 위해서는 일단 우호적인 관계를 구축해야 한다. 갑자기 큰 소리로 "당신이 했지!", "알고 있는 걸 모조리 얘기하라고!" 하며 강요해서는 안 된다.

또한 면접 과정에서 똑같은 질문에 다른 대답을 하는 경우가 있다. 그럴 때에도 "아까 말한 거랑 다르잖아!" 하고 추궁하지 말고, "방금 말씀하신 것과 다른데요." 하며 피면접자에게 대답을 수정할 기회를 주어야 한다.

피면접자가 반발심을 품는 것은 백해무익하다.

사실과 사실이 아닌 것(의견, 추측)을 명확히 구별하는 일도 중요하다.

② 피면접자가 보통의 평범한 사람이라고 생각하고 질문한다

앞에서 '복잡한 질문은 피해야 한다'고 설명했듯이, 면접자는 피면접자가 보통의 평범한 사람이라고 생각해야 한다. 피면접자는 회계부정 사건의 조사를 받는다고 하니 가뜩이나 긴장하기 마련이다.

피면접자 중에는 말주변이 없는 사람이나 수줍음이 많은 사람도 있을 수 있다.

따라서 면접자는 피면접자의 입장에 서서 심리적인 압박이 없는 상황을 만들어야 한다.

대답하기 위한 적절한 시간을 피면접자에게 주고, 대답을 재촉하지 말아야 한다(다만, 조사 시간이 한정되어 있으므로 적당히 타협할 필요도 있다). 피면접자의 대답에 "그렇군요." 하고 맞장구를 치고, "그 말씀은 이런 뜻입니까?" 하고 확인하는 것도 정확한 정보를 얻기 위해 필요하다. 원하는 대답을 얻기 위해 필요하다면 "그 부분을 좀 더 상세히 설명해 주시겠습니까?" 하고 질문을 거듭하는 것도 중요하다. 대답의 정확성을 확인하기 위해 "그건 ○○에 비해 큽니까, 작습니까?" 하고 '양자택일형 질문'을 하거나, 금액이나 수량의 추정치를 피면접자에게 비교시켜서 실태를 한층 정확히 파악하려는 노력도 해야

한다.

이런 방법을 통해 수많은 사실을 물어보면 진실에 더욱 가까워질 수 있다.

③ 질문 순서를 고민한다

피면접자에게 적의를 품게 만들 가능성이 적은 질문부터 시작해야 한다. 모든 질문은 추궁하는 형태가 되어서는 안 된다. 그리고 다음과 같은 사항을 유의해야 한다.

(가) 일반적인 것에서부터 점점 구체적인 것으로 옮기며 질문한다.
(나) 이미 확인한 정보에서부터 아직 확인하지 않은 정보로 옮기며 질문한다.

개괄적인 내용의 질문에서부터 점점 세세한 질문으로 이행하고 난 후에야 직접적·명시적 질문을 하도록 노력해야 한다. 이때 이미 알고 있는 정보를 열거한 후 시간적인 경과나 체계에 따라 사실을 확인할 수 있도록, 논리적으로 모순되지 않는 질문을 하는 것이 핵심이다.

이처럼 물어볼 순서를 고민하면서 질문하면 피면접자의 기억을 효과적으로 끄집어낼 수 있다.

④ 유도성이나 암시성이 높은 질문 기법은 사용하지 않는다

피면접자에게 대답을 제안해서는 안 된다. 따라서 가능한 한 많은 정보를 얻으려면 '누가(관여자), 언제(실행 기간), 어디에서(관여한 장소), 무엇을(목적), 어떻게(수단), 얼마나(영향)'를 의식한 '의문사형 질문'이자 '개방형 질문'을 해야 한다. 필요에 따라 '선택형 질문("그 색깔은 빨간색입니까, 아니면 다른 색입니까?")', '부인형 질문("그 색깔은 정말 빨간색이었습니까?")'을 제한적으로 이용하면 효율적인 정보 수집을 할 수 있다.

⑤ 직접적인 회계부정 관여자에게 질문한다

회계부정 관여자에는 직접적인 주모자도 있고, 어쩌다가 회계부정에 얽혀 든 단순 가담자도 있다. 효과적으로 회계부정을 조사하려면 회계부정을 직접 주도한 주모자에게 가장 먼저 질문해야 한다.

회계부정은 거의 경리 처리를 하기 때문에(그중에는 부외 처리도 있지만), 전표에 기표하거나 시스템에 입력할 때 경리부원이 관여하기도 한다. 이때 경리부원은 아무에게도 책임을 돌리지 않기 위해 "저는 정당한 업무로 이해하고 처리했습니다."라고 대답할 수 있다. 이럴 때에는 적당히 다른 질문을 섞어 가며 조사 시간을 충분히 이용해야 한다.

⑥ 약한 사람부터 질문한다

어떤 핵심에 도달하기 위해서는 우선 그 주변의 장애물부터 없애

야 한다. 회계부정을 조사할 때에도 약한 부분부터 무너뜨리고 증거를 강화해 나가는 것이 정석이다. 질문 대상자가 여러 명일 경우, 약한 사람(소심한 사람, 젊은 사람, 초범자, 죄가 가벼운 사람, 법률이나 회계에 어두운 사람)부터 질문하는 것이 중요하다.

⑦ 여러 명에게 비슷한 질문을 한다

'여러 명의 대답이 어느 정도 일치하면 자연스럽지만, 완전히 일치하면 부자연스럽다.'

인간의 기억에는 한계가 있어서 하루에 겪은 일 가운데 70% 이상을 잊어버린다. 그러므로 회계부정의 상세한 내용까지 일일이 기억하는 사람이 오히려 부자연스럽다. 이런 사실을 토대로, 비슷한 질문을 여러 명에게 함으로써 회계부정을 효과적으로 밝힐 수 있다.

모든 피면접자에게 똑같은 질문을 한다는 사실이 새어 나가면 반감을 사서 의도한 성과를 올리지 못할 수도 있다. 따라서 완전히 똑같은 질문이 아니라 비슷한 질문을 해서 원하는 대답을 얻을 수 있도록 궁리해야 한다.

⑧ 질문을 정리해서 한다

조사의 주도권을 장악하려면 중요한 질문일수록 미리 분명하게 정리해 둘 필요가 있다. 질문을 정리해 두지 않아서 오늘 했던 질문을 내일 또 하면, "어제는 제가 착각했습니다.", "제가 그런 말을 했습니까?' 하는 식으로 변명의 구실을 줄 뿐이다.

⑨ 대답 내용을 조사한다

피면접자에게 질문해서 얻은 대답은 증빙 대조, 실사, 확인 등으로 회계부정의 내용과 일치하는지 검증한다. 회계부정을 은폐하기 위해 의식적으로 허위 대답을 하는 경우, 조사원이 상정하는 회계부정의 핵심에서 벗어난 사항을 일부러 고른 '전제형 질문("그 구두 색깔은 빨간색이었습니까?")', '부인형 질문("그 색깔은 정말 빨간색이었습니까?")'을 함으로써 회계부정의 핵심에 다가갈 수 있다.

⑩ 묵비권을 행사하면 대답을 재촉한다

자발적으로 정보를 제공하지 않는 사람도 있다. 이럴 때에는 적극적으로 대답을 재촉한다.

이때 한 질문에 대답하지 않았다고 해서 다음 질문으로 쭉쭉 넘어가는 일은 금물이다. 피면접자에게 질문의 의도를 들킬 수 있기 때문이다.

범죄심리학적으로 보면, 용의자가 세상 돌아가는 이야기에 흥미를 보이다가도 막상 범죄에 관한 이야기가 나오면 침묵하는 경우, 범인은 그 용의자일 가능성이 크다.

⑪ 피면접자의 범죄 사실이 명확한 때에는 더욱 상세하게 질문한다

피면접자가 회계부정에 관여했다는 사실이 명확한 경우, 가능한

한 많은 정보를 얻기 위해 노력해야 한다. 이때의 질문 절차는 다음과 같다.

피면접자에게 되도록 유리하게 해석한 질문을 하거나 요점에서 벗어난 질문을 해서 허위의 대답을 이끌어 낸다. 그 허위의 대답은 조사원이 입수한 사실이나 증거와 불일치할 것이다. 그러면 그 허위의 대답을 역으로 공격해서 진실한 대답을 유도한다. 경우에 따라서는 회계부정의 핵심에 가까운 질문을 갑작스럽게 해서 피면접자의 태도 변화를 살피는 일도 중요하다.

그리고 피면접자의 신경을 건드리지 않도록 다음과 같은 점에 주의해야 한다.

- 질문의 전 과정에서 범죄용어(분식, 횡령, 절도, 사기, 배임, 위조, 조작, 공모 등)를 모두 일상용어(오해, 잘못, 빌림, 빌려 줌, 수정, 고침, 대화 등)로 바꾼다.
- 피면접자의 생각대로 대답하도록 한다. 이때 조사원은 극히 간단하게 의문을 표시하는 데 그친다. 피면접자가 대답을 주저하면 "그래서 어떻게 됐습니까?" 하고 연결하는 말을 넣어 대답을 유도하는 것도 대화를 원활히 만드는 비결이다.
- 피면접자의 대답을 끝까지 듣는다. 이야기를 중간에 끊으면 중요한 정보를 얻을 수 없다. 따라서 모순점이나 의문점은 다 듣고 나서 추궁한다.

⑫ 눈을 보며 질문한다

눈은 마음의 창이다. 진실을 이야기하는 눈과 거짓을 이야기하는 눈은 움직임이 서로 다르다. 일상적인 이야기로 상대방의 벽을 허무는 일도 진실에 다가서는 데 중요하다.

중간보고는 신중히

부정조사위원회는 질문을 비롯한 여러 가지 회계부정 조사 절차를 거친 후 내린 결론을 이사회와 감사회 등에 보고한다. 사내·사외조사위원회는 설치되고 나서 1~3개월 지난 후 조사 보고서를 제출하는 경우가 많다. 다만, 거액의 회계부정이 장기간 이루어졌을 때에는 조사도 오랜 기간 걸릴 수 있다. 메르시앙의 사례에서는 '중간보고'라는 형태로 조사 도중에 한 번 보고서를 제출했다. 상장기업에서는 정보공개의 투명성을 확보하기 위해 어느 정도의 결과가 나온 시점에서 중간보고를 실시하는 것도 중요하다.

한편, 후타바산업처럼 일단 조사 보고서를 공표한 후에 새로운 사실이 판명되어 두 번째 조사 보고를 실시하면, 회사의 정보공개에 대한 신뢰성을 잃고 만다. 그래서 조사 보고서를 공표할 때에는 매우 신중해야 한다.

특히, 사내조사 보고서를 중간보고할 경우에는 각별히 주의해야 한다. 중간보고를 한다는 것은 사내조사가 한창 이루어지고 있다는 뜻이기 때문이다. 사내조사위원회에 한계와 제약이 있다는 점은 앞에서 설명한 대로다. 사내조사위원회가 잘못된 가설하에 조사 대상과 기간을 결정하고, 결과적으로 잘못된 조사 결과를 내놓는 경우도 있다. 따라서 사내조사 보고서를 중간보고할 때에는 '조사를 충분히 했는지', '종합성을 확보했는지' 신중히 검토할 필요가 있다.

뒷정리는 이렇게 한다

회계부정의 내용과 조사 대상 등에서 완전히 동일한 회계부정은 없다. 여기에서는 과거에 회계 드레싱이 공개된 사례를 바탕으로 회계부정 조사 보고서의 내용을 어떻게 정리하는지 살펴보겠다.

(1) 사내조사 보고서

과거의 회계부정 사례에서도 사내조사위원회가 실시한 조사 내용에 이따금 불충분한 면이 있었다. 공개 내용이 충분해야 한다는 점에 꼭 유의해야 한다.

또한, 사내조사가 공정하고 공평하게 이루어져 신뢰성이 충분한지를 밝히기 위해 '① 사내 회계부정 조사위원회를 설치하게 된 경위, ② 위원 선임의 기준, ③ 위원을 비롯해 회계부정 조사에 투입한 사람의 수, ④ 공인회계사와 변호사 등 외부 제삼자의 회계부정 조사 관여 상황, ⑤ 회계부정 조사의 팀 편성 상황, ⑥ 실시한 회계부정 조사의 절차' 등을 다루는 것이 바람직하다.

그리고 장기간에 걸쳐 분식과 횡령이 발각되지 않는 이유는 내부통제 시스템이 효과적으로 작동하지 않기 때문이다. 그래서 조사 보고서나 개선 보고서에는 '어떤 문제가 있고, 어떻게 개선했는지' 구체적으로 명기해야 한다.

회계부정이 장기간에 걸쳐 이루어진 경우에는 '과년도 결산에 대한 회계부정의 영향액'을 연결·개별, 연도·사분기·중간으로 구별해서 공개하는 것이 일반적이다.

(2) 외부조사 보고서

외부조사위원회가 작성하는 보고서는 회계부정 조사 전체의 신뢰성을 확보하기 위해 '독립성', '외부성', '객관성'을 담보할 수 있도록 서술한다. 상장기업의 경우 '① 조사 보고서 전문 게재, ② 조사 보고서 요약 게재, ③ 회계부정 조사 결과 보고의 일부로서 그 개요를 회사 이름으로 공개'라는 형태로 일반 투자가에게 공표한다.

회계 드레싱에 따른 사내 처분

회계 드레싱은 자본주의 사회에 커다란 그림자를 드리운다. 펀드를 끌어들여 교묘하게 회계부정을 일으킨 라이브도어 사건에서는 '① 개인의 처분(사장의 징역형 판결)과 ② 법인의 처분(라이브도어의 상장폐지)' 등 개별적인 처분이 이루어졌다.

'① 개인의 처분'에서는 회계부정에 관여한 사람이 사내에 존재하는 경우, 사내 규칙에 따라 징벌하는 것이 일반적이다. 또한, 기강을 바로 세우고 직원에게 본보기를 보인다는 의미에서, 임원의 경우에는 부정에 관여하지 않았더라도 감봉 등의 처분을 내린다.

주된 개인의 처분 내용으로는 임원의 경우 해임·사임·퇴임·감봉·강등 등이 있고, 직원의 경우 해고·퇴직·감봉·강등 등이 있다.

'② 법인의 처분'에서는 회계부정이 벌어진 사업에서 철수하거나, 사업을 재편하거나, 사업을 축소하게 하는 조치가 취해질 수 있다.

이런 개별적인 처분 외에, 두 번 다시 회계부정을 일으키지 않도록 조직 개혁을 할 필요도 있다(상세한 사항은 Method 2 '최소 불행 회사를 실현하기 위한 회계부정 방지 수단'에서 설명한 '회계부정 방지의 일곱 가지 도구'와 '회계부정 방지를 뒷받침하는 두 가지 의식 개혁'을 참조하라).

회계 드레싱의 죄와 벌

회계부정이 일어나면 사내 처분에 그치지 않는다. 대외적인 영향이 큰 만큼 금융상품거래법, 회사법, 형법 등에 규정된 벌칙 규정이 적용될 수 있다.

일반 기업에 대한 주요 행정처분은 그림 18에 나타냈다. 금융상품거래법과 회사법에 규정된 주요 형사 벌칙은 그림 19에 나타냈다.

이런 형벌에는 회계부정 실행자뿐 아니라 법인에게도 벌을 부과하는 양벌규정이 마련되어 있다(금융상품거래법 제207조, 회사법 제975조).

이 외에 형법 규정도 고려해야 한다. 예를 들어 금융기관이 회계부정으로 작성한 재무제표의 내용을 믿고 대출해 주었을 때, 만일 회계부정이 없었다면 대출을 안 해 주었을 것이라거나 이자를 높여서 대출해 주었을 것이라고 상정된다면, 회계부정으로 작성한 재무제표를 이용해 금융기관에서 대출받은 관여자는 사기죄 또는 사기죄의 공범에 해당할 가능성이 있다(형법 제246조①, 10년 이하의 징역).

회계 드레싱의 민사책임

회계부정이 발각되면 민사책임도 진다.

① 회사에 대한 임원의 책임*

회계부정에 의해 분배 가능액을 넘는 잉여금을 배당(위법 배당)했

그림 18. **주요 행정처분**

항 목	내 용	근거 조문
유가증권 보고서 등의 정정 명령	유가증권 보고서 등의 정정	금융상품거래법 제9조①, 제23조의 9, 제24조의 5⑤
유가증권 모집·판매 신고 효력의 정지 명령	신고의 효력 정지	금융상품거래법 제10조①, 제24조의 3
과징금 납부 명령	유가증권 신고서 등의 허위 기재의 발행 공시 의무 위반	금융상품거래법 제172조
	유가증권 보고서 등의 허위 기재의 계속 공시 의무 위반	금융상품거래법 제172조의 2
	유언비어 유포·위계의 금지 위반	금융상품거래법 제173조
	주가 조작 행위의 금지 위반	금융상품거래법 제174조
	내부자거래의 금지 위반	금융상품거래법 제175조

(출처 : 일본공인회계사협회, 『상장회사의 부정 조사에 관한 공표 사례 분석』)

그림 19. **주요 형사 벌칙**

항 목	내 용	근거 조문	형 량
허위 기재	유가증권 신고서, 발행 등록서, 유가증권 보고서, 정정 보고서의 중요 사항에 허위 기재가 있는 서류를 제출한 자	금융상품거래법 제197조 ① 1	10년 이하의 징역 또는 1000만 엔 이하의 벌금, 또는 병과
유언비어 유포 등, 주가 조작	부정 거래 행위, 유언비어 유포, 주가 조작적 행위 등 유가증권 거래 등에 관한 규제에 위반하는 행위를 한 자	금융상품거래법 제197조 ① 5	
비공시	기업 내용 등의 공시 서류를 제출하지 않은 자	금융상품거래법 제197조의 2의 5	5년 이하의 징역 또는 500만 엔 이하의 벌금, 또는 병과
허위 기재*	내부통제 보고서, 사분기 보고서, 반기 보고서, 임시 보고서, 공개 구매에 관한 의견 표명 보고서, 대량 보유 보고서, 정정 보고서 등의 중요 사항에 허위 기재가 있는 서류를 제출한 자	금융상품거래법 제197조의 2의 6	
내부자거래*	내부자거래를 한 자	금융상품거래법 제197조의 2의 13	
이사 등의 특별배임죄*	자기 또는 제삼자의 이익을 위하거나 주식회사에 손해를 가할 목적으로, 그 임무에 반하는 행위를 하고 해당 주식회사에 재산상 손해를 가했을 때	회사법 제960조	10년 이하의 징역 또는 1000만 엔 이하의 벌금, 또는 병과
회사 재산을 위태롭게 한 죄*	1. 몇 사람의 명의로 되어 있는지 관계없이 주식회사의 계산에서 부정하게 그 주식을 취득했을 때 2. 법령 또는 정관의 규정에 위반해서 잉여금을 배당했을 때 3. 주식회사의 목적 범위 외에 투기 거래를 위해 주식회사의 재산을 처분했을 때	회사법 제963조⑤	5년 이하의 징역 또는 500만 엔 이하의 벌금, 또는 병과
이사 등의 뇌물수수죄*	다음에 드는 사람이 그 직무에 관해 부정 청탁을 받아 재산상의 이익을 얻거나 그런 요구 또는 약속을 했을 때 1. 이사 등 2. 대표사 채권자 등 3. 회계감사인 또는 임시 회계감사인	회사법 제967조①	5년 이하의 징역 또는 500만 엔 이하의 벌금

(출처 : 일본공인회계사협회, 『상장회사의 부정 조사에 관한 공표 사례 분석』)

을 경우, 금전 교부에 관한 직무를 수행한 이사는 연대해서 회사에 배상할 의무를 진다(회사법 제462조①).

또한, 분식을 전제로 세무 신고한 과대한 법인세 등의 부담액이나, 이사회 결의 등을 거치지 않고 임원 단독으로 행한 대출에 관한 회계부정에 관여한 임원은 선관주의의무(회사법 제330조, 민법 제644조) 및 충실의무(회사법 제355조)를 위반했으므로, 회사에 불필요한 납세를 하게 만들고 무단으로 대출한 손해를 배상할 의무가 있다(회사법 제423조).

② 자회사에서 회계부정이 발생했을 때, 모회사 임원 등의 책임

자회사에서 회계부정이 발생했을 때, 모회사의 임원 등(이사, 회계참여자, 감사, 집행임원, 회계감사인)은 고의 또는 중과실로 그 직무를 행함에 있어 제삼자에 손해를 발생시킨 경우, 해당 제삼자에게 발생한 손해를 배상할 책임이 있다(회사법 제429조①).

한편, 이사 및 집행임원이 고의 또는 중과실로 결산서에 허위의 기재를 하고 제삼자에게 손해가 발생한 경우, 해당 제삼자에게 발생한

---

* 우리나라의 경우 상법 제 399조, 제401조 및 제408조의 8 참조
* 우리나라의 자본시장과 금융투자업에 관한 법률 제162조와 유사
* 우리나라의 자본시장과 금융투자업에 관한 법률 제172조와 유사
* 우리나라의 상법 제622조와 유사
* 우리나라의 상법 제625조와 유사
* 우리나라의 상법 제630조와 유사

손해를 배상할 책임이 있다(회사법 제429조② 일).

또한, 모회사에서 회계부정이 일어난 자회사로 사원이 파견되어 있을 때, 모회사와 파견 사원 사이의 고용 계약상의 선관주의의무 위반이 인정되는 경우, 파견된 사원에게도 일반 불법행위 책임에 따른 손해배상 책임을 진다(민법 제709조).

③ 제삼자에 대한 책임

부정행위를 저지른 임원 등은 제삼자에게 발생한 손해에 기초하여(회사법 제429조①, ② 1), 부정행위를 저지른 직원은 일반 불법행위에 기초하여(민법 제709조), 부정행위에 대한 관여 정도와 인식 내용 및 정도에 따라, 제삼자에게 발생한 손해를 배상할 책임이 있다.

회계 드레싱의 떫은맛

상장기업에서 분식이 발각되었을 경우, 다음 네 가지 요인으로 상장폐지될 가능성이 있다.*

① 금융청으로부터 유가증권 보고서의 정정 명령이 나왔을 때

② 금융청으로부터 과징금 납부 명령이 나왔을 때

③ 증권거래감시위원회로부터 고발되었을 때

④ 회사 측으로부터 정정 보고서가 제출되었을 때

---

* 우리나라의 경우도 유가증권시장 상장규정 제80조에 유사한 규정을 두고 있다.

위와 같은 상황에서 증권거래소가 허위 기재의 영향을 중대하다고 판단했을 때, 감사 법인이 부적정 의견을 표명했을 때, 유가증권 보고서나 사분기 보고서가 지연 제출되었을 때, 상장 계약을 위반했을 때, 선서 사항을 중대하게 위반했을 때 등 각 증권거래소가 규정한 상장폐지 기준에 저촉하면 상장폐지된다.

한편, 자회사에서 회계부정이 발각되면 로슨엔터미디어처럼 모회사의 관리를 강화한다는 차원에서 완전자회사로 만드는 경우도 있다.

하야시바라 같은 중소 규모의 회사에서 회계부정이 발각되면 회사의 신용이 떨어져 자금이 돌지 않게 되고, 결국 회사갱생법이나 민사갱생법의 적용을 신청해서 파산에 이르기도 한다.

회계 드레싱은 단기적으로는 관여자가 의도한 결과를 얻을 수도 있다.

하지만 중장기적으로 보면 관여자뿐 아니라 회사의 존속 자체마저도 위태롭게 만드는 매우 위험한 행위다. 회계 드레싱은 어처구니없는 결과를 초래하며, 그 맛은 무지 떫다.

| 맺음말 |

소통이 잘 되는 곳으로

 2011년 5월, 신용조사 회사인 데이코쿠데이터뱅크에서 매우 흥미로운 보고서를 공개했다. '제7회 컴플라이언스 위반 기업의 파산 동향 조사'라는 이 보고서에 따르면, 2010년도에 회계부정을 비롯한 컴플라이언스 위반이 인정된, 부채액 1억 엔 이상의 파산 건수는 총 115개사, 부채 총액 약 2조 6000억 엔이었다.
 부채액 1위는 과불금 반환이 부담이 되어 회사갱생법 적용을 신청한 소비자 금융 회사 다케후지(부채액 약 1조 5000억 엔)다. 2위는 고이즈미 내각의 참모 기무라 다케시가 금융청에 들어가 검사를 방해해서 임금업법 위반으로 민사재생법 적용을 받게 된 니혼신코은행(부채액 약 6800억 엔)이다.
 이 책에서 소개한 회사 중에는 중소기업 부정의 대명사가 된 하야시바라(부채액 약 1322억 엔)가 3위에 올랐고, 로슨 자회사의 중년 여성 전무와 함께 자기 배를 채웠던 플레지르사(부채액 약 150억 엔)가 8위에 올랐다.

 이 조사에 따르면, 파산으로 끝난 컴플라이언스 위반 사례 중 가장 많은 원인은 '분식(40개사)'이었고, 임직원에 의한 '횡령(8개사)'이 네 번째로 많았다. 무려 41%가 회계부정 때문에 파산한 셈이다.

 한편, 이 조사로 집계된 파산 기업의 직원 수는 7834명이다. 이토록 많은 사람들을 길거리에 나앉게 만드는 것이 바로 회계부정이라는 사실을 경영진은 진지하게 받아들여야 한다.

 경영진의 업무는 회사를 관리하는 데 있다. 매출과 이익이 아무리 많은 조직이나 팀이라도 그 매출과 이익이 회계부정으로 얻은 것이라면, 언젠가 신기루처럼 흔적 없이 사라진다는 사실을 이 책에서 누누이 설명했다. 그렇게 되지 않으려면 조직이나 팀이 회계부정에 강해지도록 경영진은 '부정의 트라이앵글'을 배제하려 노력하고, '소통이 잘 되는 곳'으로 조직이나 팀을 변혁해야 한다.

 나는 지금까지 여러 가지 크고 작은 회계부정의 현장과 맞닥뜨려 보았다. 거액의 소송으로 발전한 회사, 파산한 회사 등 실로 다양하고 지대한 회계부정의 악영향을 눈앞에서 똑똑히 보았다. 그런데 안타깝게도 최근의 회계부정은 복잡화, 장기화, 거액화 경향이 뚜렷하다. 그중에서도 순환거래라는 회계 드레싱은 파괴력이 한층 강력하다. 여러분의 조직이나 팀에 다음과 같은 경향이 존재하지 않는지 꼭 한 번 검증해 보기 바란다.

① 좀처럼 주목받지 않는 '비핵심 사업부'에서
② 장기간 '인사이동'이 실시되지 않고
③ 비즈니스 환경이 나쁜데도 '수익이 늘어난' 경우

만일 이런 경향이 있다면 순환거래를 의심해 봐야 한다.

그럴 때에는 당황하지 말고 이 책을 참고해서 적절한 대응을 하기 바란다.

마지막으로 이 책이 나오기까지 도움을 주신 출판사 관계자께 감사드리며, 항상 나를 응원해 주는 가족에게도 감사의 인사를 올린다.

무라이 다다시

회계드레싱 10 episodes

초판 1쇄 발행 | 2013년 1월 10일

지은이 | 무라이 다다시
옮긴이 | 이용택
감　수 | 신재명

발행처 | 이너북
발행인 | 김청환

책임편집 | 이선이

등록번호 | 제 313-2004-000100호
등록일자 | 2004. 4. 26.

주소 | 서울시 마포구 염리동 8-42 이화빌딩 601호
전화 | 02-323-9477, 팩스 02-323-2074
이메일 | innerbook@naver.com

ISBN 978-89-91486-66-9　03320

ⓒ 무라이 다다시, 2013

http://blog.naver.com/innerbook

- 본사의 서면 허락 없이는 어떠한 형태나 수단으로도 이 책의 내용을 이용할 수 없습니다.

- 책값은 뒤표지에 있습니다.
- 잘못된 책은 구입하신 서점에서 바꿔 드립니다.